AF385649

PARIS. — IMPRIMERIE E. CAPIOM

6, RUE DES POITEVINS, 6

DICTIONNAIRE DE POLICE

A L'USAGE DES

GARDIENS DE LA PAIX

DE LA VILLE DE PARIS

CONTENANT

1º DES INSTRUCTIONS SUR LA NATURE ET L'ÉTENDUE
DE LEURS ATTRIBUTIONS;
2º UNE ANALYSE DES INFRACTIONS MOTIVANT LEUR INTERVENTION
SOIT DIRECTE, SOIT SUR RÉQUISITION;
3º DES MODÈLES DE RAPPORTS

PAR

EUGÈNE LOUET

AUTEUR DE PLUSIEURS ÉTUDES SUR LE DROIT PÉNAL

Ouvrage dédié à M. GAUBET, Chef de la Police municipale

SIXIÈME ÉDITION

Prix : 75 centimes

PARIS

ER-MARESCQ ET Cⁱᵉ, ÉDITEURS
20, RUE SOUFFLOT, 20

PARIS. — IMPRIMERIE E. CAPIOMONT ET Cie

6, RUE DES POITEVINS, 6

A M. CAUBET

CHEF DE LA POLICE MUNICIPALE

Hommage respectueux de l'Auteur.

PRÉFACE

DE LA PREMIÈRE ÉDITION

Les gardiens de la paix ont besoin de connaître la nature et l'étendue de leurs attributions, les infractions qui motivent leur intervention, soit directe, soit sur réquisition, et la forme à donner aux rapports qu'ils sont appelés à rédiger. Comme ils n'ont *aucun manuel spécial* qu'ils puissent consulter, ils opèrent d'après l'expérience que leur ont donnée le temps et la pratique. Il faut reconnaître qu'ils ne peuvent ainsi, malgré leur bonne volonté, vaincre toutes les difficultés qu'ils rencontrent. Nous avons donc cru utile de leur offrir, pour les guider dans leurs délicates fonctions, un livre contenant, condensées dans des formules claires et succinctes, *des explications sur le mécanisme de la police*. L'honorable chef de la police municipale a bien voulu accepter l'hommage de cet humble ouvrage, écrit sans aucune prétention doctrinale : nous lui en exprimons ici notre reconnaissance.

EUGÈNE LOUET.

AVIS

Cette cinquième édition est au courant des modifications apportées aux règlements de police par les ordonnances les plus récentes.

E. L.

DICTIONNAIRE DE POLICE

ABANDON

Il est défendu de laisser sur la voie publique des coutres de charrue, pinces, barres, barreaux ou autres machines, et des instruments ou armes dont puissent abuser les malfaiteurs (contravention).

Les gardiens de la paix doivent remettre les objets abandonnés au commissaire de police avec un rapport faisant connaître le résultat des recherches faites pour découvrir leur propriétaire; lorsque le volume ne permet pas de les porter ou de les conduire, ils les signalent au commissaire de police par un rapport.

Voy. Aliénés, Animaux, Conduite des chevaux, Enfants, Dépôts sur la voie publique et Objets trouvés.

ABAT-JOUR

Il faut une permission du Préfet de police pour poser des abat-jour en saillie sur la voie publique; lorsque l'autorisation a été accordée, on ne peut les établir à plus de 33 centimètres de saillie (contraventions).

Faire un rapport au commissaire de police.

ABATTOIRS

Comme il y a, à Paris, des abattoirs autorisés, les tueries particulières sont interdites; néanmoins, les propriétaires qui élèvent des porcs (V. animaux), pour leur consommation personnelle, peuvent les abattre chez eux, à condition que l'opération ait lieu dans un endroit clos et séparé de la voie publique. Les itinéraires fixés par les règlements de police pour conduire les bestiaux aux abattoirs sont obligatoires. Il est défendu d'abattre des agneaux, chevreaux, cochons de lait, marcassins, etc., de saigner et plumer les volailles, y compris les pigeons, dans les marchés où il n'existe pas de local spécialement affecté à cet usage. Dans les établissements pourvus d'abattoirs, les fumiers en provenant doivent être, après chaque travail, portés dans le lieu destiné à les recevoir et le sol lavé à grande eau ; le sang et les vidanges ne peuvent être mélangés aux fumiers. Il est défendu de brûler de la paille dans l'intérieur des abattoirs et d'y fumer (contraventions).

Se conformer aux instructions données au mot contraventions.

Voy. Bestiaux, Viandes.

ABREUVOIRS

Il est interdit de conduire aux abreuvoirs plus de trois chevaux à la fois (1) et de les y mener la nuit ou autrement qu'au pas. Les conducteurs doivent être des hommes âgés de 18 ans au moins. Il leur est défendu de se tenir debout sur leurs chevaux. Il est interdit de laver du linge dans les abreuvoirs (contraventions).

Constater la contravention contre le conducteur et contre le propriétaire des animaux ; si ce dernier n'est pas connu, mettre les animaux à la disposition du commissaire de police, ou, lorsque le bureau de ce fonctionnaire est fermé, les envoyer directement à la fourrière ; se conformer, en outre, aux instructions données au mot contraventions.

Voy. Épizooties.

ABUS D'AUTORITÉ

Il y a abus d'autorité de la part d'un gardien de la paix *agissant en sa qualité*, lorsqu'il s'introduit dans le domicile d'un citoyen contre le gré de celui-ci, hors les cas prévus par la loi ; lorsqu'il exerce des violences sans motif légitime, et lorsqu'il requiert l'emploi de la force publique contre la perception d'une contribution légale

1. Ce nombre peut être porté à quatre pour les chevaux des maîtres de poste et à cinq pour les chevaux de messageries.

du contre l'exécution, soit d'une ordonnance ou mandat de justice, soit de tout autre ordre émané de l'autorité légitime. Les peines qu'il encourt pour ces infractions cessent d'être applicables s'il justifie qu'il a agi par ordre de ses supérieurs pour des objets du ressort de ceux-ci, sur lesquels il leur était dû obéissance hiérarchique : les supérieurs, dans ce cas, sont seuls responsables. (Délit ou crime selon la gravité du fait).

Voy. Arrestations illégales, Attentats à la liberté, Domicile.

ABUS DE BLANC-SEING

Le blanc-seing est une signature donnée en blanc pour approuver une écriture qui doit être placée au-dessus. L'abus consiste dans une obligation frauduleusement placée au lieu de l'écriture convenue. (Délit ; crime quand le blanc-seing n'a pas été confié).

Arrêter l'inculpé lorsqu'il y a réquisition sur la voie publique.

ABUS DE CONFIANCE

La loi punit celui qui a détourné ou dissipé des fonds, marchandises, effets qui lui ont été remis à titre de mandat, de dépôt, de prêt ou pour un usage déterminé. Il faut entendre, par détournement ou dissipation, l'action par laquelle une personne s'approprie la chose qui lui a été confiée. (Délit ou crime selon le cas). Est également punissable quiconque, après avoir produit dans une contestation judiciaire, quelque titre, pièce ou mémoire, l'a soustrait de quelque manière que ce soit (délit).

Arrêter l'inculpé lorsqu'il y a réquisition sur la voie publique.

ACCAPAREMENT

L'accaparement consiste à obtenir par des achats non naturels ou des manœuvres insidieuses une hausse ou une baisse dans les prix des denrées ou des marchandises (délit).

Les gardiens de la paix doivent communiquer au

commissaire de police tous les faits qui parviennent à leur connaissance.

ACCIDENTS

Un accident est un événement imprévu qui cause un dommage aux personnes ou aux choses.

I. Accidents ayant causé des blessures.

Lorsque les blessures sont légères, le gardien de la paix conduit les parties et les témoins au commissariat; aux heures de fermeture de ce bureau, il prend note des nom, prénoms, âge, profession et demeure de chaque partie intéressée et des témoins, et adresse un rapport au commissaire de police. Si les blessures ont quelque gravité, il transporte le blessé dans une pharmacie, tout en retenant l'auteur de l'accident, et fait prévenir le commissaire de police; en attendant l'arrivée de ce fonctionnaire, il recueille tous renseignements utiles. Pendant la nuit, lorsque les pharmacies sont fermées, on doit transporter le blessé au poste de police et appeler immédiatement un médecin.

Voy. Service médical de nuit.

II. Accidents de voitures.

Pour les accidents de voitures, il faut agir de même. Tout en faisant donner aux blessés les soins nécessaires, on s'assure de l'identité du conducteur et du numéro ou de l'indication de la plaque de la voiture. Lorsque les blessures sont graves, on retient le cocher et la voiture; cependant, si la voiture fait un service public (omnibus, voiture de poste, etc.), on se contente des renseignements qui la feront retrouver ultérieurement.

III. Accidents ayant causé des dégradations matérielles.

On relève les nom, prénoms, âge, profession et domicile des parties, et on communique à chacune les personnes en cause les renseignements dont elle a besoin; un rapport doit être adressé au commissaire de police.

IV. Accidents et avaries en rivière.

Consigner tous renseignements utiles dans un rapport qui est transmis au commissaire de police.

V. Accidents occasionnés par les machines à vapeur.

Informer immédiatement le commissaire de police.

VI. Accidents survenus dans les ateliers.

Agir de même.

ACCOUCHEMENT

Il est interdit de tenir une maison d'accouchement avant d'avoir obtenu du Préfet de police la permission nécessaire (contravention). Les personnes qui ont assisté à un accouchement doivent en faire la déclaration dans les trois jours à l'officier de l'état civil (délit).

Le gardien de la paix qui est informé d'une de ces infractions doit en donner avis au commissaire de police.

Voy. Médecins.

ACCUSATION

Toute personne acquittée légalement ne peut plus être accusée à raison des mêmes faits.

ACTES DE DÉVOUEMENT

Tous les actes de courage qui parviennent à la

connaissance des gardiens de la paix doivent faire l'objet d'une communication au commissaire de police.

Voy. Récompenses.

AÉROSTATS

L'usage des ballons aérostatiques dits mongolfières et, en général, de **tous** les ballons qui s'enlèvent par l'effet d'un foyer suspendu au-dessous de l'orifice, est formellement interdit, soit que l'aérostat doive être lancé à ballon perdu, soit qu'il doive être lancé à ballon captif. Il est défendu d'enlever aucun aérostat qui ne soit muni d'un parachute; le départ ne doit jamais avoir lieu plus tard que dans la dernière heure qui précède le coucher du soleil. Les ascensions aérostatiques sont défendues jusques après la rentrée des récoltes. Elles ne peuvent être faites sans permission (contraventions).

Intervenir pour empêcher l'enlèvement des ballons, lorsqu'on contrevient aux dispositions qui précèdent, et informer immédiatement le commissaire de police.

AFFICHES

On appelle affiches tous placards imprimés ou manuscrits destinés à donner de la publicité à un acte ou à un avis. Il y a deux sortes d'affiches, celles apposées par ordre de l'autorité et celles qui sont placardées à la demande et dans l'intérêt des particuliers.

I. **Affiches de l'autorité.** — Les affiches des actes de l'autorité publique peuvent seules être imprimées sur papier blanc et sont exemptes du timbre, ainsi que les affiches des concours régionaux et celles des sociétés de secours mutuels dûment autorisées. Il est défendu d'enlever ou de déchirer les affiches apposées par ordre de l'administration.

II. **Affiches des particuliers.** — Elles sont soumises (les affiches des théâtres, bals et concerts exceptées) à l'autorisation du Préfet de police. Les affiches ordinaires sont assujetties au timbre et doivent être sur papier de couleur; toutefois les manuscrits peuvent être faits sur papier blanc. L'enlèvement de ces affiches ne donne lieu qu'à une action civile. Aucun placard contenant des nouvelles politiques ou traitant d'objets politiques (il faut excepter, pendant les 20 jours qui précèdent une élection, les professions de foi des candidats), ne peut être affiché dans un lieu public. Il est également défendu d'apposer des affiches contenant quelque provocation à des crimes ou délits, indiquant soit des remèdes secrets, soit des loteries françaises ou étrangères non autorisées ou contenant des énonciations illégales de poids et mesures ; des affiches faites sans nom d'auteur ou d'imprimeur ou sous un nom collectif, ou non signées de tous ceux qui y ont concouru ; contenant le titre d'arrêtés, de délibérations ou ayant une forme obligatoire ou impérative. Il est interdit de couvrir les inscriptions des rues ou les numéros des maisons, de placarder des affiches sur les fontaines publiques ainsi que sur les bornes-fontaines, ou aux endroits destinés à recevoir les actes de l'autorité publique ou à moins de 5 mètres de ces endroits, et de les apposer à une hauteur de plus de 2 m. 50 cent. à partir du sol. Les affiches des spectacles, bals et concerts ne peuvent être apposées ailleurs qu'aux emplacements approuvés par le Préfet de police et on ne peut placer les autres affiches à moins de 5 mètres de ces endroits. Quant aux affiches peintes, elles doivent avoir un numéro d'ordre et le numéro du permis d'affichage. Il est interdit d'apposer aucune affiche ou de peindre aucune inscription sur les monuments ou édifices publics ou à la distance de moins de 5 mètres des angles des rues, places, carrefours, quais et boulevards. Il est fait expresse défense de faire circuler ou stationner sur la voie publique, sans une autorisation préalable du Préfet de police, des voitures destinées à la propagation de l'affichage public et couvertes par conséquent d'annonces de toutes espèces, et d'y circuler ou stationner avec des appareils quelconques portant des écrits imprimés ou des inscriptions peintes. (Contraventions de simple police, contraventions correctionnelles ou délits selon les cas).

Quand il s'agit d'affiches politiques ou séditieuses ou d'imprimés sans indication du nom de l'auteur ou de l'imprimeur, on doit, après avoir arrêté les afficheurs, enlever les placards avec précaution pour les déposer au commissariat ; quant aux autres affiches, il suffit de les signaler au commissaire de police par un rapport, et, si le contrevenant est présent, on se conforme aux instructions données au mot contraventions.

Voy. Afficheurs, Annonces et Avis.

AFFICHEURS

On ne peut exercer, même temporairement, la profession d'afficheur sur la voie publique, sans permission du Préfet de police (délit). L'affichage pendant la nuit est formellement interdit (contravention).

Mettre à la disposition du commissaire de police tout individu qui contrevient à ces dispositions.

Voy. Affiches.

ALIÉNÉS

Le Préfet de police peut ordonner le placement de tout individu dont l'aliénation serait dangereuse.

Lorsque la personne atteinte de démence est dans son domicile ou dans toute autre maison, le gardien de la paix qui en est informé doit avertir le commissaire de police ; si elle se trouve sur la voie publique, il lui parle dans le sens de sa folie et a recours à tous les moyens de persuasion et de douceur pour la conduire soit au commissariat, soit au poste. En cas d'aliénation furieuse, il faut prendre toutes les mesures qu'indique la prudence, et se servir principalement de couvertures, pour ôter au malade toute liberté de mouvements.

ALIGNEMENTS

On ne peut élever aucune construction ni faire aucune

reconstruction sur le bord de la voie publique sans en avoir obtenu l'autorisation écrite de l'autorité compétente (contraventions).

Faire un rapport au commissaire de police lorsqu'une construction n'est pas à l'alignement.

ALIMENTS

Il est défendu d'exposer ou de mettre en vente des aliments corrompus et nuisibles (délit).

En cas de plainte sur la voie publique, on prend note des nom et domicile du plaignant, et on l'invite à se rendre au commissariat pour faire examiner les marchandises qu'il déclare être corrompues. Si le coupable est un marchand ambulant, il doit être arrêté; s'il est établi, il suffit de le signaler au commissaire de police.

Voy. Tromperie.

ALLUMETTES

Le monopole de la fabrication et de la vente des allumettes est attribué à l'État dans toute l'étendue du territoire. Ce monopole a été cédé à une société anonyme qui porte le nom de Compagnie générale des allumettes chimiques. La loi punit les particuliers qui fabriquent illicitement des allumettes chimiques et ceux qui colportent ou vendent des allumettes de fraude (contravention correctionnelle ou délit selon le cas).

Signaler au commissaire de police les fabriques clandestines et arrêter les colporteurs, tout en saisissant leurs marchandises.

Sont également punissables les personnes qui se rendent coupables d'outrages, de rébellion, voies de fait envers les employés assermentés de la Compagnie des allumettes (délit).

Arrêter l'inculpé.

Voy. Fraudes, Outrages, Rébellion.

AMBASSADEURS ET AGENTS DIPLOMATIQUES

La maison des ambassadeurs et agents diplomatiques est inviolable comme leur personne ; leur famille et les gens composant leur suite officielle jouissent du même privilège.

Donner avis au commissaire de police des infractions qu'ils commettent sur la voie publique.

AMORCES FULMINANTES

Il est interdit de mettre en vente les amorces pour pistolets d'enfants fabriquées au moyen de matières explosibles, des papillottes-costumes contenant un pétard, désignées vulgairement sous le nom de cosaques, et toute autre enveloppe de jouet renfermant une préparation fulminante (contraventions).

Signaler au commissaire de police les marchands qui contreviennent à ces dispositions.

ANIMAUX

I. Animaux tués, blessés ou maltraités. — La loi punit ceux qui tuent ou blessent méchamment des animaux appartenant à autrui (délit).

Arrêter le coupable.

Elle punit également ceux qui, par imprudence ou maladresse, occasionnent la mort ou la blessure de ces animaux (contravention).

Se conformer aux instructions données **au mot** contraventions.

Il est défendu de maltraiter abusivement les animaux domestiques (contravention).

Mettre le contrevenant à la disposition du commissaire de police, et, si le commissariat est fermé, envoyer les animaux à la fourrière.

II. Animaux de basse-cour. — Il est interdit d'élever sans autorisation du Préfet de police, des porcs ou autres animaux, tels que boucs, chèvres, lapins; des pigeons, poules et autres oiseaux de basse-cour. Il est également efendu de laisser vaguer sur la voie publique des poules et autres animaux domestiques (contraventions).

Rechercher le propriétaire de ces animaux et faire un rapport au commissaire de police.

III. Animaux malfaisants ou féroces.

Mettre à la disposition du commissaire de police les individus qui, sans permission, font voir des ours et autres animaux dangereux ; aux heures de fermeture du bureau de ce fonctionnaire, envoyer les animaux à la fourrière en prenant toutes les précautions nécessaires.

IV. Animaux égarés ou abandonnés.

Les saisir et les conduire au commissariat, ou, si ce bureau est fermé, les envoyer à la fourrière.

V. Animaux morts sur la voie publique.

Les signaler au commissaire de police qui les fait enlever par un équarrisseur.

VI. Animaux atteints de maladies contagieuses.

Les signaler également au commissaire de police.
Voy. Équarrisseurs, Épizooties.

ANNONCES ET AVIS

Ils sont dispensés de timbre pour le commerce et l'industrie.
Voy. Affiches.

APPAREILS ÉLECTRIQUES

L'usage d'appareils électriques pour le traitement des maladies, en dehors des prescriptions d'un médecin, donne lieu à l'application d'une peine (contravention correctionnelle).

Signaler au commissaire de police les commerçants et autres particuliers qui contreviennent à ces dispositions.
Voy. Médecins.

APPUIS DE FENÊTRES OU DE BOUTIQUES

Ils ne peuvent être posés en saillie sans permission du Préfet de police (contravention).

Faire un rapport au commissaire de police.

ARBRES

Il est défendu d'abattre des arbres appartenant à autrui, de les mutiler, de les couper ou écorcer de manière à les faire périr. Il est également interdit de détruire des greffes. Celui qui déplace ou supprime des pieds corniers ou autres arbres plantés ou reconnus pour établir les limites entre différents héritages, est puni par la loi (délits).

Mettre l'inculpé à la disposition du commissaire de police.

Voy. Boulevards.

ARMES

I. Armes de guerre. — La fabrication, la détention et la vente des armes de guerre, hors les cas d'autorisation, sont punis par la loi (délits).

Faire un rapport au commissaire de police.

II. Armes prohibées. — Les armes prohibées sont les suivantes : tromblons, fusils et pistolets à vent, pistolets de poche, stylets, poignards, couteaux en forme de poignard, dagues, bâtons, cannes et parapluies à épée, à baïonnette, à dard, ou renfermant une arme offensive et cachée, bâtons, cannes et parapluies garnis d'un ferrement pouvant servir d'arme ; revolvers au dessous de 150 millimètres. Ces armes ne peuvent être ni fabriquées, ni vendues, ni portées. Le port d'armes, toutefois, est toléré en voyage comme défense personnelle, mais les gens non domiciliés, vagabonds et sans aveu ne peuvent jamais en porter (délits).

Signaler au commissaire de police les fabricants et marchands d'armes prohibées ; quant à l'individu qui est trouvé porteur d'une de ces armes, il doit être conduit devant le commissaire de police, et, si

e bureau de ce fonctionnaire est fermé, au poste
le police ; on ne le consigne que si son indivi-
dualité n'est pas suffisamment établie ou s'il existe
quelque circonstance aggravante ; l'arme doit être
saisie dans tous les cas.

ARRESTATIONS

L'arrestation est la séquestration légale d'une personne
ayant un compte à rendre à la justice.

Tout individu surpris en flagrant délit de crime
ou de délit doit être arrêté. Le gardien de la paix
l'invite à le suivre, et, s'il y a refus, il l'appréhende
et le contraint. Il agit de même lorsqu'il est requis
par une personne qui en inculpe une autre de
crime ou de délit. Il doit, tout en se faisant accompagner par le plaignant et les témoins, conduire
l'inculpé au commissariat, et, si ce bureau est
fermé, au poste de police. Après s'être assuré de
l'identité du plaignant et des témoins et les avoir
invités à se présenter chez le commissaire de police à l'heure de la réouverture de son bureau, il
interpelle l'inculpé sur son état civil ; il le fouille
ensuite pour lui retirer les objets suspects et ceux
qui pourraient lui servir à attenter à ses jours,
notamment ses mouchoir, cravate et bretelles ; puis
il le fait enfermer au violon [1]. Il laisse au chef de
poste un ordre de consigne. Pour les faits d'une
certaine importance, il faut prévenir immédiatement l'officier de paix et le commissaire de police.
Les arrestations doivent toujours être faites, autant

1. On doit, dans certaines circonstances, garder l'inculpé dans le
poste sans l'enfermer au violon : ce point est laissé à l'appréciation du
chef de poste.

que possible, avec mesure, douceur et fermeté; on ne peut ni frapper, ni injurier les inculpés, mais on doit s'assurer d'eux par tous les moyens autorisés par la loi.

Voy. Arrestations illégales, Évasion, Ordres de consigne.

ARRESTATIONS ILLÉGALES

La loi punit ceux qui ont arrêté illégalement une personne quelconque (crime).

Mettre à la disposition du commissaire de police les particuliers qui, pour la satisfaction de leurs passions personnelles, ont fait une arrestation illégale.

Les gardiens de la paix encourraient les peines édictées par la loi si, dans un intérêt privé, ils faisaient une arrestation arbitraire.

Voy. Abus d'autorité, Attentats à la liberté.

ARROSEMENT

Dans les rues non arrosées par le service public, chacun est tenu, pendant les chaleurs, d'arroser la voie publique, devant sa maison ou sa boutique, de 11 heures du matin à 3 heures de l'après-midi (contravention).

En cas de négligence ou de refus, faire un rapport au commissaire de police.

Il est interdit de faire usage de l'eau des ruisseaux, de gêner la circulation ou d'éclabousser les passants (contraventions).

Se conformer aux instructions données au mois contraventions.

ASPHYXIÉS

Lorsqu'un cas d'asphyxie leur est signalé, les gardiens de la paix doivent, tout en faisant prévenir le commissaire de police, s'occuper des secours à administrer au malade.

Voy. Accidents.

ASSASSINAT

C'est le meurtre commis avec préméditation ou de guet-pens (crime).

Le coupable présumé doit être arrêté immédiatement. Interdire toute sortie de la maison jusqu'à arrivée du commissaire de police qu'on a dû prévenir.

Voy. Meurtre.

ASSOCIATIONS

I. Associations de malfaiteurs. — La loi punit les malfaiteurs qui s'organisent en bandes (crime).

Arrêter ces individus.

II. Associations non autorisées. — Nulle association de plus de 20 personnes dont le but est de se réunir pour s'occuper d'objets religieux, littéraires, politiques ou autres, ne peut se former sans l'autorisation du gouvernement. Sont complices ceux qui ont prêté ou loué sciemment le local. On ne peut, sans permission du Préfet de police, fournir un local pour la réunion des membres d'une association même autorisée, ou pour l'exercice d'un culte (délits).

Signaler sur-le-champ au commissaire de police ces sortes d'infractions.

III. Associations internationales. — La loi punit les individus qui s'affilient à l'association internationale des travailleurs ou à toute autre association internationale qui a pour but de provoquer à la suspension du travail, l'abolition du droit de propriété, de la famille, de la patrie, de la religion et du libre exercice des cultes (délit).

Mettre à la disposition du commissaire de police tout individu qui est trouvé porteur de cartes, carnets, livrets ou papiers établissant qu'il est affilié à une de ces associations.

La loi punit également ceux qui prêtent ou louer sciemment un local pour la réunion d'une section quel conque d'une association internationale (délit).

En donner avis sur-le-champ au commissaire police.

Voy. Réunions publiques.

ATTENTAT A LA PUDEUR ET VIOL

L'attentat à la pudeur et le viol sont sévèrement pun par la loi (crimes).

Arrêter les coupables.

ATTENTATS A LA LIBERTÉ

Le Code pénal a apporté une sanction au principe, qu personne ne peut être arrêté que dans les cas prévus pa la loi et suivant les formes qu'elle a prescrites : il pun les actes arbitraires attentatoires à la liberté individuell Il y a acte arbitraire si l'arrestation a été ordonnée ou fait abusivement (crime). L'obéissance hiérarchique est ur cause de justification quand l'agent a agi par ordre de se supérieurs dans un cas du ressort de ceux-ci.

Voy. Abus d'autorité et Arrestations illégales.

ATTROUPEMENTS

Les attroupements séditieux sont interdits (crime o délit selon le cas).

Toutes les fois qu'une émeute se produit su la voie publique, les gardiens de la paix doi vent en donner avis immédiatement au commis saire de police, car ce fonctionnaire a seul qualit concurremment avec le maire, pour dissiper l'a troupement. On ne peut faire usage des arme qu'après deux sommations, si l'attroupement es armé, et après trois, s'il n'est pas armé; ces som mations sont précédées d'un roulement de tambou ou d'un son de trompette. Quand des arrestation

nt opérées dans ces sortes de cas, les gardiens de
paix doivent mentionner, dans les ordres de
onsigne, les objets trouvés sur chaque inculpé, et
ire connaître après quelle sommation il a été ar-
té, la pénalité se réglant d'après ces circou-
ances.

La loi punit également les attroupements, voies de fait
a menaces ayant pour but d'empêcher un ou plusieurs
toyens d'exercer leurs droits civiques (délits).

Arrêter l'inculpé.

Voy. Rassemblements, Vote.

AVANCE DE TRAITEMENT

L'administration n'accorde une avance de traite-
ent que pour des causes exceptionnelles. Il faut,
our l'obtenir, adresser une demande à M. le Préfet
e police, en la faisant passer par la voie hiérar-
hique.

AVANCEMENT

S'il est naturel que, pour obtenir un emploi, l'on solli-
ite et que l'on fasse solliciter; si alors les protections et
ecommandations peuvent être utiles, il n'en est pas de
ôme à l'égard des personnes déjà attachées à l'adminis-
ation. Celles-ci n'ont plus besoin que de leur propre
érite, de leur zèle, de leur dévouement et des preuves
u'elles en ont données, pour acquérir des titres à l'avan-
ement : rechercher l'appui de quelque protecteur, c'est
rouver l'insuffisance des droits du protégé, c'est vouloir
btenir et en quelque sorte arracher par l'obsession, une
aveur que d'autres ont méritée comme récompense, et
est placer le chef d'une administration dans l'alterna-
ive ou de commettre une injustice, en accordant à l'un
e qui appartient à un autre, ou de repousser par un
efus désobligeant les instances des protecteurs. L'expé-
ience a d'ailleurs suffisamment démontré que ce sont
resque toujours les employés les moins zélés, les moins

capables, **qui ont l'art de s'appuyer** d'un plus grand nombre de recommandations. En définitive, les employés de l'administration ne peuvent avoir des droits à l'avancement que par le zèle, la capacité, la bonne conduite, combinés avec l'ancienneté des services. (Circulaire du Préfet de police).

AVENUE DU BOIS DE BOULOGNE
(ANCIENNE AVENUE DE L'IMPÉRATRICE)

La circulation dans l'avenue du Bois de Boulogne est interdite aux diligences attelées de plus de deux chevaux, aux voitures non suspendues et aux voitures suspendues servant au transport des marchandises et autres objets ; elles ne peuvent y passer que lorsqu'elles vont prendre ou déposer leur chargement dans les maisons situées sur ce point de la voie publique. La circulation dans cette avenue est également interdite aux omnibus et à toutes les voitures publiques faisant le transport en commun des voyageurs. La partie de l'avenue du Bois de Boulogne qui se trouve à gauche, en allant au Bois, est exclusivement réservée aux piétons ; la chaussée du milieu reste affectée aux voitures ; quant à la partie de l'avenue qui se trouve à droite, elle est destinée spécialement aux cavaliers (contraventions).

Se conformer aux instructions données au mot contraventions.

Voy. Vélocipèdes.

AVORTEMENT

L'avortement d'une femme enceinte causé par aliments, breuvages, violences ou par tout autre moyen, est puni par la loi (crime).

Lorsqu'un gardien de la paix acquiert la connaissance d'un avortement, il en donne avis au commissaire de police.

BAIGNADES

Il est formellement interdit de se baigner dans les canaux. Il est également défendu de se baigner en Seine, ailleurs que dans les établissements de bains (contraventions).

Si l'individu qui se baigne a un caleçon, il suffit de s'assurer de son nom et de son domicile ; s'il est nu, il faut le mettre à la disposition du Commissaire de police, car le délit d'outrage public à la pudeur peut être relevé à sa charge.

BAINS

On ne peut faire écouler les eaux infectées sur la voie publique (contravention).

Faire un rapport au commissaire de police.

BALAYAGE ET NETTOIEMENT
DE LA VOIE PUBLIQUE

On doit balayer chaque jour (entre 5 et 6 heures du matin, depuis le 1er avril jusqu'au 30 septembre, et, entre 6 et 7 heures du matin, du 1er octobre au 31 mars) et mettre les immondices en tas à une distance d'au moins 2 mètres des bouches d'égouts. Le balayage est interdit, après ces heures, aux personnes étrangères à l'administration municipale ; il doit être suspendu pendant les 15 jours qui suivent le relevé à bout du pavage. Les ruisseaux doivent être tenus toujours libres. Les devantures de boutiques ne peuvent être lavées en dehors des heures fixées pour le balayage. Les entrepreneurs de travaux doivent tenir la partie de la voie publique où ils ont leurs ateliers dans un état constant de propreté (contraventions).

Le nettoiement public étant exécuté d'après des cahiers de charges, les gardiens de la paix doivent signaler au commissaire de police les infractions commises par les employés de l'administration ou par les ouvriers des adjudicataires ; signaler également au commissaire de police les infractions commises par les particuliers.

Voy. Bouteilles cassées.

BALCONS

Les balcons (il s'agit ici des petits balcons : les grands sont dans les attributions du Préfet de la Seine) ne peuvent être établis sans autorisation du Préfet de police ou à plus de 22 centimètres de saillie (contraventions).

Faire un rapport au commissaire de police.

BALS

I. Bals publics. — On ne peut ouvrir un bal public sans en avoir obtenu préalablement l'autorisation de la préfecture de police (contravention).

Signaler au commissaire de police tout bal public non autorisé.

Il est défendu d'entrer dans un bal avec des bâtons, des cannes ou des armes et d'y faire usage de pois fulminants ou de pièces d'artifice (contraventions). Les danses et gestes obscènes y sont interdits (délit).

Maintenir l'ordre dans la salle et arrêter toute personne qui, en dansant, commet un outrage public à la pudeur.

Voy. Lieux publics.

II. Bals de nuit et bals masqués. — On ne peut, en aucun temps, donner un bal de nuit ou un bal masqué, sans autorisation du Préfet de police (contravention).

Faire un rapport au commissaire de police en cas d'infraction à ces dispositions.

III. Bals particuliers. — Les bals particuliers où l'on n'est pas admis indistinctement, notamment les bals donnés dans les hôtels privés, ne sont pas soumis à une autorisation.

Les gardiens de la paix commandés pour un bal, soit aux divers ministères, soit à des hôtels, doivent, s'il n'y a pas d'officier de paix sur les lieux, organiser leur service suivant leur intelligence ; ils se

concertent avec les maîtres des maisons ou leurs
délégués pour les dispositions à prendre à l'intérieur, tant pour l'entrée que pour la sortie des
voitures, et veillent à ce que la rue ne soit point
encombrée.

BANCS

Il est défendu d'établir des bancs en saillie sur les
trottoirs (contravention).

Faire un rapport au commissaire de police.

BANNES

Aucune banne ne doit, dans sa partie la plus basse,
avoir moins de 2m50 cent. d'élévation au-dessus du sol.
Les bannes ne peuvent être développées qu'au moment
où le soleil donne sur les boutiques; néanmoins, sur les
quais, places et boulevards, elles peuvent être conser-
vées dans le cours de la journée, s'il est reconnu qu'elles
ne gênent point la circulation (contravention).

Empêcher l'adjonction aux bannes de joues et de
lambrequins trop longs; veiller à ce qu'il ne soit pas
attaché aux bannes des cordes fixées au sol ou garnies de poids pour les retenir; en cas de contravention, faire un rapport au commissaire de police.

BANQUEROUTE

Le commerçant dont la faillite est accompagnée de
fraude ou d'une faute qualifiée est en état de banqueroute
(crime lorsque la banqueroute est frauduleuse; délit
quand elle est simple).

Le gardien de la paix qui apprend qu'un commerçant, après avoir cessé ses paiements, a disparu
de son domicile, doit avertir le commissaire de
police; il ne peut arrêter un banqueroutier que
lorsque, des marchandises ayant été enlevées, une

plainte a été déposée au commissariat par les créanciers.

BANQUETS PUBLICS

On ne peut, sans autorisation du Préfet de police, donner un banquet où l'on est admis indistinctement, à prix d'argent, par souscription ou par tout autre mode qui donne à la réunion un caractère public (contravention).

Signaler au commissaire de police les banquets publics non autorisés.

BARRAGES DE RUES

I Fouilles et tranchées. — On ne peut, lorsqu'on fait une fouille ou une tranchée dans le sol de la voie publique, barrer une rue sans autorisation du Préfet de police et sans avoir prévenu le commissaire de police du quartier. On doit alors placer des poteaux avec inscription ainsi conçue : « Rue barrée aux voitures avec permission de l'autorité. » Ces poteaux doivent être éclairés la nuit.

II. Pavage. — Lorsque le pavé est relevé à bout, les entrepreneurs de la Ville peuvent barrer les rues de 16^m,50 cent. de largeur et au-dessous, à l'aide de chevalets mobiles qui laissent la facilité de faire entrer et sortir les voitures des personnes demeurant dans l'enceinte ; il doit être réservé un passage pour les piétons et des batardeaux doivent être établis pour la circulation des eaux. Les rues de plus de 16^m 50 cent. de largeur ne peuvent être barrées sans une autorisation spéciale du Préfet de police. Quant aux entrepreneurs des particuliers, ils ne peuvent, dans aucun cas, barrer la rue pour l'exécution de leurs travaux, sans y être autorisés par le Préfet de police.

III Rues non pavées. — Les rues non pavées qui deviennent impraticables pour les voitures doivent être barrées de manière que tous les accidents soient prévenus.

IV. Démolitions. — Dans le cas où il devient indispensable d'interdire la circulation au droit d'un bâtiment en démolition, le barrage ne peut avoir lieu sans permission du Préfet de police, ou en cas d'urgence, sans autorisation du commissaire de police (contraventions).

Informer le commissaire de police.

BARRICADES

La loi punit ceux qui, dans un mouvement insurrectionnel, lèvent des barricades (crime).

Arrêter les coupables.

BATIMENTS

Signaler au commissaire de police les maisons menaçant ruine.

BESTIAUX

Il est défendu de mener des bestiaux dans les plantations faites de main d'homme ou de les faire paître sur les chemins de halage des canaux. Il est interdit également de les vendre sur les routes ou dans les auberges. Ils ne peuvent être conduits aux abattoirs par bandes de plus de 40 ou par moins de deux conducteurs pourvus d'une permission du Préfet de police et portant à leur chapeau une plaque indicative de leur numéro. Les bandes des bœufs doivent être séparées de celles des vaches. Il est prescrit d'attacher les taureaux derrière une charrette. Les bandes de bestiaux ne doivent occuper qu'un côté de la route, sans stationner sur aucun point de la voie publique (contraventions).

Se conformer aux instructions données au mot contraventions.

BILLARDS PUBLICS

On ne peut tenir un billard dans une maison ouverte au public sans permission du Préfet de police. Les chefs d'établissements sont tenus d'indiquer, par une inscription à l'extérieur, le nombre de billards qu'ils exploitent (contraventions).

Signaler au commissaire de police les billards publics non autorisés; signaler également les affiches annonçant qu'on joue les poules dites de Sébastopol, Malakoff, Autrichienne, etc...

BILLETS DE BANQUE ET EFFETS PUBLICS

La loi punit la contrefaçon ou falsification des billets de banque et effets publics et l'usage de ces billets et effets contrefaits ou falsifiés (crime).

Signaler au commissaire de police les individus soupçonnés de fabriquer des billets de banque ou effets semblables à ceux émis par le Trésor ; arrêter toute personne qui met en circulation des billets de banque ou effets publics argués de faux et saisir ces papiers.

BLESSURES ET COUPS

Les blessures ou coups volontaires donnent lieu à des peines plus ou moins graves, suivant les résultats occasionnés (délit ou crime, selon le cas).

Le coupable doit être arrêté ; quant à la personne blessée, on la fait transporter dans une pharmacie ; si la blessure a quelque gravité, il faut prévenir immédiatement le commissaire de police.

Voy. Homicides, Blessures et Coups involontaires, Accidents.

BOHÉMIENS

Signaler au commissaire de police les bohémiens et autres saltimbanques nomades qui font stationner sur la voie publique, sans autorisation, les voitures servant à leur logement.

Voy. Saltimbanques.

BOIS DE CHAUFFAGE

Il est défendu de colporter du bois en quête d'acheteurs. On ne peut décharger du bois de chauffage sur la voie publique qu'à défaut de cour ou de passage de porte-cochère, ou bien si cette cour ou ce passage ne présentent point les facilités convenables. Il est interdit de décharger simultanément deux voitures de bois destinées à

des habitations situées l'une en face de l'autre. Le sciage
du bois peut être également toléré sur la voie publique
pour deux stères seulement lorsqu'il présente des difficultés dans l'intérieur de la maison. Mais le déchargement ou le sciage ne peuvent avoir lieu sur les trottoirs,
et la circulation ne doit pas être interrompue sur la chaussée. Le bois ne peut être fendu sur aucune partie de la
voie publique (contraventions).

Mettre à la disposition du commissaire de police
tout individu qui colporte du bois en quête d'acheteurs ; se conformer, pour les autres infractions, aux
instructions données au mot contraventions.

BORNES

Il est défendu d'établir des bornes en saillie sur les
trottoirs (contravention).

Faire un rapport au commissaire de police.

La loi punit ceux qui enlèvent ou déplacent les bornes
servant de séparation aux propriétés et ceux qui détruisent ou dégradent celles qui sont d'utilité publique (délits).

Arrêter les coupables.

BOULANGERIES

Les cris poussés la nuit par les ouvriers boulangers
lorsqu'ils pétrissent le pain peuvent, si la tranquillité des
habitants est troublée, constituer le tapage nocturne
prévu et puni par la loi.

Voy. Bruits et tapages nocturnes.

Lorsque ces individus se montrent dans les rues vêtus
seulement d'une cotte, sans pantalon ni gilet à manches,
il y a lieu de relever contre eux le délit d'outrage public
à la pudeur.

Voy. Outrage public à la pudeur.

Pour ces deux cas faire un rapport au commissaire de police.

BOULEVARDS ET PROMENADES

Il est interdit de passer à cheval ou avec une voiture sur les contre-allées des boulevards et, généralement, sur toutes les parties des promenades réservées aux piétons, autrement que pour entrer dans les propriétés riveraines. Il ne peut être déposé sur les chaussées ni sur les contre-allées aucune espèce de matériaux, lors même qu'ils seraient destinés à des travaux de construction ou de réparation à exécuter dans les maisons riveraines. Le transport des matériaux à travers les contre-allées qui n'ont point été disposées pour le passage des voitures, ne peut se faire à l'aide de voitures, camions ou brouettes sans qu'on ait pris les mesures de précaution indiquées dans les permissions dont les propriétaires ou entrepreneurs sont tenus de se pourvoir. Il est défendu de faire écouler les eaux ménagères sur les contre-allées et quinconces des boulevards et de toutes promenades, à moins d'une autorisation spéciale; de monter sur les arbres, d'y jeter des pierres ou bâtons, d'y suspendre des écriteaux, lanternes ou autres objets, d'y faire sécher du linge ou d'y attacher des animaux; de combler sans autorisation les fossés et cuvettes bordant les contre-allées, d'y jeter du fumier, des ordures ou des eaux; enfin de dégrader les barrières, inscriptions et tous objets quelconques (contraventions).

Se conformer **aux instructions** données au mot contraventions.

Voy. Sièges.

BOUTEILLES CASSÉES

Les bouteilles cassées doivent être, ainsi que les morceaux de verre, portées directement aux voitures de nettoiement; il est défendu d'en déposer sur la voie publique (contravention).

Se conformer **aux instructions** données au mot contraventions.

BRIGADES

Dans chaque arrondissement, l'officier de paix a

sous ses ordres trois brigades (A. B. C.) commandées chacune par un brigadier.

Lorsqu'une brigade prend le service, les gardiens de la paix se réunissent à leur poste respectif, dix minutes avant l'heure fixée pour le relevé. Le plus ancien sous-brigadier fait l'appel des hommes, vérifie si leur tenue est convenable et s'ils sont en état de faire un bon service. Il leur donne connaissance des recommandations ou instructions nouvelles, s'il y en a. Si un agent manque à l'appel, il le signale par un rapport. Les gardiens de la paix se rendent ensuite à leurs îlots respectifs pour relever ceux qui les y précédaient. Ceux-ci doivent, avant de retourner à leur domicile, aller au poste rendre compte de leur service.

BRIGADIERS.

Le brigadier, au moment où sa brigade prend le service, doit se trouver à l'un des postes de l'arrondissement. Il prend alternativement chaque poste de manière à s'assurer que le relevé se fait partout convenablement, et que les sous-brigadiers s'acquittent avec zèle de leurs fonctions. Il parcourt ensuite tout ou partie de l'arrondissement pour contrôler le service et rentre, au moment du relevé, au Poste Central, pour rendre compte de sa surveillance à l'officier de paix.

BROCANTEURS

Les brocanteurs ambulants doivent être constamment porteurs de leur médaille, de leur bulletin d'inscription qu'ils sont tenus de faire viser une fois par an, du 1er avril au 30 juin, à la préfecture de police, de leur patente ou certificat d'exemption de patente, et d'un livre de police parafé par le commissaire de police et visé une fois par mois par ce fonctionnaire, livre sur lequel ils sont obligés d'inscrire les objets qu'ils achètent ainsi que le nom et la demeure des vendeurs. Il leur est défendu d'acheter à ceux dont le domicile est inconnu, aux femmes mariées, aux enfants ou aux domestiques, sans le consentement de leur mari, père ou maître; d'acheter ou de recevoir en gage des armes ou effets militaires; d'acheter ou de vendre des armes de guerre ou des armes prohibées; enfin de se réunir, pour opérer leurs ventes, ailleurs que dans le local situé au premier étage du marché du Temple. Quant aux brocanteurs qui achètent seulement en boutique, ils sont dispensés d'avoir une médaille et un bulletin d'inscription, mais ils doivent se conformer aux autres dispositions du règlement (contravention ou délit, selon le cas).

Arrêter les brocanteurs ambulants lorsqu'ils achètent des effets militaires qu'il n'est pas permis de vendre, ou lorsqu'ils font le commerce des armes de guerre ou des armes prohibées; se conformer, pour les autres infractions, aux instructions données au mot contraventions. Si le contrevenant est un brocanteur en boutique, il suffit de faire un rapport au commissaire de police.

BRUITS ET TAPAGES INJURIEUX ET NOCTURNES

Il est défendu de troubler la tranquillité publique par des chants, des cris ou autres actions injurieuses ou nocturnes (contravention).

Toutes les fois que, malgré les avertissements des gardiens de la paix, la tranquillité des habitants est troublée par des chants bruyants, des cris scandaleux, etc., les auteurs et complices doivent être arrêtés.

Il est interdit de sonner du cor, dit trompe de chasse, à quelque heure et dans quelque lieu que ce soit. — Les voitures affectées au transport des métaux doivent être chargées de manière que les pièces ne puissent s'entrechoquer et qu'elles produisent le moindre bruit possible (contraventions).

Se conformer aux instructions données au mot contraventions.

Les ouvriers dont les professions exigent l'emploi de marteaux, machines et appareils susceptibles d'occasionner un bruit assez considérable pour retentir loin des ateliers, doivent interrompre leurs travaux chaque jour de neuf heures du soir à quatre heures du matin, du 1er avril au 30 septembre, et, de neuf heures du soir à cinq heures du matin, du 1er octobre jusqu'au 31 mars. Il est défendu de faire usage, pendant le même temps, d'instruments bruyants (contraventions).

Faire un rapport au commissaire de police.

BUREAUX DE PLACEMENT

Ils ne peuvent être ouverts sans autorisation du Préfet de police (contravention).

Signaler au commissaire de police les bureaux de placement non autorisés.

CADAVRE

Lorsqu'on trouve, en quelque endroit que ce soit, un cadavre ou une fraction de cadavre, il faut, tout en faisant prévenir le commissaire de police et l'officier de paix, empêcher le déplacement du corps, l'approche des curieux et le détournement d'aucun objet ou papier.

Voy. Noyés.

CAISSES ET POTS A FLEURS
ET AUTRES OBJETS DONT LA CHUTE PEUT OCCASIONNER DES ACCIDENTS

Les caisses et pots à fleurs, les vases et autres objets dont la chute peut occasionner des accidents, ne peuvent être placés à l'extérieur des maisons bordant la voie publique que sur des balcons et sur les appuis des croisées garnis de balustrades en fer ou de barres transversales en fer, avec grillage en fil de fer maillé.

On ne doit pas les y déposer s'ils peuvent passer par les vides des balustrades. Il est interdit d'en placer sur les autres parties élevées des maisons. Il faut éviter tout déversement d'eau en arrosant. Il est également défendu de déposer des cages et des garde-manger sur les parties élevées des bâtiments et d'en placer en saillie sur les murs de face, de quelque manière qu'ils soient attachés (contraventions).

Enjoindre de retirer les objets dont la chute peut occasionner des accidents ; en cas de persistance, faire un rapport au commissaire de police.

CANAUX

I. **Dispositions générales.** — Il est défendu d'entraver les manœuvres des bateaux et trains destinés à entrer dans les canaux. On ne peut battre sur les chemins de halage des piquets d'amarre pour les arrêter, ni les amarrer aux arbres. Les cordes d'amarre ne doivent pas être relevées au-dessus de terre. Il est interdit d'embarrasser les chemins de halage et les francs-bords par des dépôts de matériaux, de marchandises ou par quelque autre objet que ce soit, d'y faire passer des voitures ou bêtes de somme, d'y faire paître des bestiaux ou de les abreuver ailleurs que dans les abreuvoirs ; de puiser de l'eau dans les canaux sans autorisation spéciale du service municipal, sauf le cas d'incendie, ou d'y laver du linge ailleurs que dans les bateaux affectés à cette destination. On ne peut monter sur les bateaux naviguant ou stationnant, ni rester sur le tablier des ponts pendant la manœuvre, ni passer sur les portes des écluses autres que celles qui sont disposées à cet effet. Il est défendu aux mariniers de louer ou prêter leurs bachots et de les employer à un service autre que celui auquel ils sont destinés. Les conducteurs de chevaux doivent les mener au pas en traversant les ponts mobiles.

II. **Dispositions spéciales au canal Saint-Martin.** — Il est défendu de jeter dans ce canal ou sur ses dépendances des animaux morts, des immondices, pierres ou résidus quelconques et de glisser ou patiner sur la glace. L'accès du canal est interdit à toutes les embarcations

utres que celles employées pour les besoins du commerce.
l est défendu de ravager le fond de l'eau pour y chercher
es vers à vase, des débris de métaux ou tous autres
bjets (contraventions).

Se conformer aux instructions données au mot
ontraventions.

Voy. Baignades, Pêche.

CARACTÈRE LÉGAL DES GARDIENS
DE LA PAIX

Les gardiens de la paix peuvent être considérés :
° Comme agents de la force publique, lorsqu'ils procèdent
n vertu de mandats ou de jugements ; 2° *comme agents
e l'autorité publique*, lorsqu'ils exercent la surveillance
rescrite par l'autorité. Ils ne peuvent pas juridiquement
resser des procès-verbaux, c'est-à-dire, dresser un acte
aisant foi en justice jusqu'à preuve contraire, comme
eux des officiers de police judiciaire ; mais, leurs rapports
'en ont pas moins une valeur incontestable pour la
oursuite des infractions, car ces rapports peuvent être
orroborés à l'audience du tribunal, soit par la déposition
u rédacteur, soit par celles des témoins du fait relevé à
a charge de l'inculpé, soit enfin par l'aveu même du
ontrevenant.

CARNAVAL

Pendant le temps du carnaval, il est interdit de paraître
ous le masque avant dix heures du matin et après six
heures du soir ; de porter un costume immoral, religieux,
ou ayant des rapports à des fonctions publiques, et de
promener des mannequins. Les personnes masquées ou
déguisées ne doivent porter aucune arme, aucun bâton,
ni tenir des propos ou faire des gestes indécents, ni apos-
tropher les passants, ni jeter aucun objet dans les voitures
ou sur les personnes ; elles ne peuvent se montrer sur la
voie publique le Mercredi des cendres à partir de midi
(contraventions).

Mettre les contrevenants à la disposition du commissaire de police, sans arracher leur masque.

CARREAUX DE VITRE

La loi punit ceux qui brisent volontairement des car reaux de vitre appartenant à autrui (contravention).

Se conformer aux instructions données au mo contraventions.

CARRIÈRES

Si l'on ouvrait une carrière dans Paris, les gar diens de la paix devraient en informer immédiate ment le commissaire de police.

CARTES A JOUER

La fabrication de cartes à jouer, leur vente et leur col portage, sans une autorisation expresse de la régie, son punis par la loi (délits).

Signaler au commissaire de police les fabrique clandestines de cartes à jouer ; arrêter ceux qui sans autorisation, colportent sur la voie publiqu des cartes à jouer neuves ou vieilles, et saisir ce cartes.

Voy. Fraudes.

CASTRATION

La loi punit celui qui frappe un homme d'impuissanc génitale par la mutilation de ses organes virils (crime).

Arrêter le coupable.

CHAMPS-ÉLYSÉES

I. **Dispositions générales.** — Il est interdit, dans le Champs-Élysées, de faire paître des bestiaux, de monte dans les arbres ou d'y jeter des pierres ou des bâtons d'établir des baraques sans autorisation, d'enlever de l terre, du gazon ou des racines, d'allumer des feux ou d déposer, sans autorisation, des gravois, des matériau ou du fumier.

II. **Étalagistes.** — Les étalagistes, teneurs de jeux o industriels ne peuvent occuper des places sans autorisa tion de M. le Préfet de police. Ils doivent représenter leu

rmission à tous les agents de l'autorité. Ils sont tenus
enlever, chaque soir, leurs appareils. Il leur est défendu
enfoncer des clous dans les arbres ou d'y attacher des
rdes ou chaînes.

III. **Voitures.** — Il est interdit de faire passer des
itures dans les allées ou quinconces. Les diligences atte-
es de plus de deux chevaux, les voitures non suspen-
es, les voitures suspendues servant au transport des
archandises ou objets quelconques ne doivent pas cir-
ler dans la grande avenue des Champs-Élysées, dans
s avenues Marigny, Matignon, Montaigne, Gabriel et
Antin, ainsi que sur le Cours-la-Reine; elles ne peuvent
passer que lorsqu'elles vont prendre ou déposer leur
argement dans les maisons situées sur ces points de la
ie publique. La circulation de l'avenue des Champs-
ysées est interdite aux omnibus et à toutes les voitures
bliques faisant le transport en commun, de 3 à 6 heu-
s du soir, en semaine, et de 2 heures à 6 heures du
ir, les dimanches et jours de fête (contraventions).

Se conformer aux instructions données au mot
ntraventions.

Voy. Boulevards, Chemins publics.

CHARBON

Toute personne ayant acheté du charbon aux marchés
ir bateaux peut le porter ou le faire transporter par
ii bon lui semble. Les porteurs autorisés ont une mé-
aille apparente; ils ne doivent pas troubler l'ordre sur
voie publique. Quant aux individus non permissionnés,
leur est défendu de porter une médaille et d'offrir leurs
rvices aux acheteurs sur les marchés ou à leurs abords.
n ne peut colporter du charbon de bois en quête d'ache-
urs; il est interdit de vendre du charbon de terre, du
ke ou de la houille ailleurs qu'aux ports et places de
nte (contraventions).

Mettre à la disposition du commissaire de police
ut individu qui colporte du charbon en quête
acheteurs; se conformer, pour les autres infrac-

tions, aux instructions données au mot contraven
tions.

CHARGEMENT ET DÉCHARGEMENT

On né peut effectuer le chargement ou le déchargemen
d'une voiture sur la voie publique qu'à défaut de cour o
de passage de porte cochère ou bien si cette cour ou c
passage ne présentent point les facilités convenables
Dans ce cas, la voiture doit être rangée de manière à n
gêner la circulation que le moins possible. Les entrepre
neurs de roulage et les industriels ou commerçants don
les établissements sont importants ne peuvent user d
cette facilité : ils doivent se pourvoir de locaux asse
spacieux pour faire opérer, hors de la voie publique, le
chargements et déchargements de leurs voitures et d
celles qui leur sont destinées (contraventions).

Faire cesser la contravention et adresser un rap
port au commissaire de police.

CHARLATANS

Voy. Médicaments et Saltimbanques.

CHASSE
I — DISPOSITIONS GÉNÉRALES

Il est défendu de chasser en temps prohibé ou san
permis de chasse. Nul n'a la faculté de chasser sur le
propriété d'autrui sans le consentement du propriétair
ou de ses ayants-droit. Il n'est pas permis, non plus, de
prendre ou de détruire, sur le terrain d'autrui, des œuf
et des couvées de faisans, de perdrix et de cailles. Quan
au propriétaire, il peut chasser ou faire chasser en tou
temps sans permis de chasse dans ses possessions atte
nant à une habitation et entourées d'une clôture continu
faisant obstacle à toute communication. Le Préfet de
police détermine par des arrêtés l'époque de l'ouver
ture de la chasse et celle de la clôture. La loi ne per
met la chasse que de jour, même dans les enclos, c
ne reconnaît que trois modes de chasse : la chasse à
tir, la chasse à courre et celle avec bourses et furet
pour les lapins : les autres engins sont prohibés ; ce sont

les filets, les drogues ou appâts de nature à enivrer le gibier ou à le détruire, les appeaux, appelants ou chanterelles, les lacets, collets et panneaux (délit ou contravention correctionnelle selon le cas).

Les gardiens de la paix ne doivent pas désarmer un chasseur ; ils se bornent à prendre, pour l'indiquer dans leur rapport, la désignation de l'arme ; mais ils peuvent arrêter ceux qui leur adressent des menaces ou refusent de se faire connaître, ceux qui sont masqués ou n'ont pas de domicile connu, et enfin tous ceux qui chassent pendant la nuit ; quant aux engins prohibés, ils doivent être saisis.

Hors le temps de la chasse, il est interdit de vendre ou de colporter du gibier (délit).

Signaler au commissaire de police les marchands qui vendent du gibier en temps prohibé; saisir, pour le mettre à la disposition du commissaire de police, le gibier colporté, et arrêter le contrevenant.

II — DISPOSITIONS SPÉCIALES

Oiseaux. — La chasse des oiseaux de passage sur terre n'est permise que pendant le temps où la chasse des autres espèces de gibier est ouverte. Elle ne peut avoir lieu qu'au moyen du fusil. Elle est interdite dans la plaine et dans les bois lorsque la terre est couverte de neige. Quant aux nids et couvées de ces oiseaux, il est défendu également de les prendre et de les détruire. Les oiseaux aquatiques peuvent seuls être chassés en tout temps sur la rivière et les étangs, mais au fusil et en bateau seulement; cette chasse est permise même lorsque la terre est couverte de neige.

Lapins de garenne. — Leur destruction peut avoir lieu pendant la clôture de la chasse, mais seulement à l'aide de furets et de bourses; toutefois cette chasse est interdite dans la plaine et dans les bois, lorsque la terre est couverte de neige. La vente et le colportage des la pins de garenne est permise pendant le temps où la chasse est close.

Animaux malfaisants et nuisibles. — Le propriétaire peut, en tout temps, même lorsque la terre est couverte de neige, tuer avec des armes à feu ou prendre aux pièges autres que les lacets, sur son terrain seulement, les animaux malfaisants, tels que blaireaux, chats sauvages, fouines, belettes et putois. Il lui est également permis, dans les mêmes conditions, de détruire à l'aide de pièges les oiseaux ci-après désignés : — pie, corbeau, faucon (hobereau, émerillon et cresserole), balbuzard fluviatile, pygargue ordinaire, autour vulgaire, épervier, milan royal, buse commune, buzard (des marais et Saint-Martin), pie-grièche, pie grise, corneille noire et mantelée, pigeon-ramier, — et de détruire les nids et couvées de ces oiseaux ; mais ceux de ces animaux qui ont le caractère de gibier ne peuvent être vendus ni colportés pendant la clôture de la chasse (délit ou contravention correctionnelle selon le cas).

Se conformer, pour la saisie des engins prohibés ou du gibier et pour l'arrestation du délinquant, aux instructions données plus haut.

CHEF DE POSTE

Le chef de poste est tenu de déférer à toutes les réquisitions des autorités qui ont le droit de requérir et doit assistance à tout citoyen qui réclame son intervention. Lorsqu'une personne est arrêtée et amenée au poste, il la fait conduire, avec le plaignant, au commissariat de police, à moins qu'elle ne soit en état d'ivresse ou qu'elle ne cause du scandale ; dans ce cas, il fait prévenir le commissaire de police. S'il y a plusieurs individus arrêtés, il commande deux hommes par inculpé, sans jamais dégarnir entièrement son poste. Pendant les heures de fermeture du commissariat, il se fait rendre ompte des causes de l'arrestation et entend les observations de la personne arrêtée ; il n'admet l'arestation que s'il en trouve les motifs valables ; il n prend alors la responsabilité. Avant de mettre u violon les individus arrêtés, le chef de poste xige soit un ordre de consigne (il n'a pas à conrôler les ordres de consigne émanés d'un commisariat), soit un réquisitoire ou un mandat délivré ar un officier de police judiciaire. Il doit faire ouiller les inculpés, afin de leur ôter les objets ouvant aider aux recherches de la justice, et les nstruments dont ils pourraient se servir pour se uicider ou tenter de s'évader. Il veille à ce qu'ils e communiquent avec personne, verbalement ou ar écrit, avant d'avoir été interrogés par le commissaire de police. Il doit garder constamment les lés des violons, car il est responsable de toute évaion. Lorsque des personnes arrêtées commettent es dégradations dans le poste, il en informe le ommissaire de police. Enfin, en cas d'affaire rave, il fait prévenir ce magistrat et l'officier de aix.

CHEMINS PUBLICS

Sont punissables ceux qui embarrassent, dégradent ou étériorent les chemins publics et ceux qui enlèvent sur es chemins, sans autorisation spéciale, du gazon, de la erre ou des pierres (contravention).

Mettre les contrevenants à la disposition du commissaire de police.

CHÉNEAUX ET GOUTTIÈRES

Les toits des maisons riveraines de la voie publique doivent être garnis de chéneaux ou gouttières qui conduisent les eaux jusqu'au sol au moyen de tuyaux de descente appliqués le long des murs de face, avec 16 centimètres au plus de saillie. Une cuillère en pierre doit être placée sous le dauphin de ces tuyaux lorsqu'ils n'aboutissent pas à une gargouille ou à un conduit souterrain. Les chéneaux, gouttières, tuyaux de descente et cuillères doivent être constamment entretenus en bon état (contraventions).

Faire un rapport au commissaire de police.

CHEVAUX

Les chevaux, bêtes de trait, de charge ou de monture ne peuvent être essayés sur la voie publique sans une autorisation. Il est défendu d'employer des chevaux vicieux (contraventions). L'usage des chevaux atteints de maladies contagieuses est également interdit (délit).

Arrêter le conducteur s'il ne justifie pas de son identité et de son domicile et mettre les animaux à la disposition du commissaire de police, ou, si le bureau de ce|fonctionnaire est fermé, les envoyer directement à la fourrière.

Voy. Conduites de chevaux.

CHIENS

Tout chien circulant sur la voie publique, en liberté ou même tenu en laisse, doit être muni d'un collier portant gravés sur une plaque de métal, le nom et le domicile de son propriétaire. La loi punit celui qui excite ou ne retient pas ses chiens lorsqu'ils attaquent ou poursuivent les passants, quand même il n'en résulte ni mal ni dommage (contraventions).

Saisir sur la voie publique, pour les mettre à la disposition du commissaire de police, les chiens n'ayant pas le collier réglementaire et ceux qui attaquent les passants ; aux heures de fermeture du bureau, les envoyer à la fourrière. Lorsqu'un chien a mordu une personne, on doit, tout en retenant l'animal pour le mettre à la disposition du commissaire de police, conduire le blessé, d'abord dans une pharmacie, afin de faire cautériser la plaie, et ensuite au commissariat ; lorsque le bureau est fermé, le chien, s'il n'a pas le collier réglementaire et s'il n'est pas réclamé par son propriétaire, est envoyé à la fourrière et on fait un rapport au commissaire de police. On doit tuer les chiens atteints de la rage, ainsi que les chats et les animaux des mêmes espèces qu'ils ont mordus ; le commissaire de police, dans ces cas, doit être informé le plus tôt possible.

CHIFFONNIERS AMBULANTS

Ils doivent avoir une médaille ; ils ne peuvent circuler sur la voie publique avec une hotte ne portant pas leur numéro, et, la nuit, sans une lanterne pourvue également de leur numéro et allumée. Il leur est interdit d'exercer après minuit en toute saison, ni avant le jour en été et avant 5 heures du matin en hiver. Ils ne peuvent se faire accompagner par des chiens. Ils doivent remettre en tas les ordures qu'ils ont éparpillées (contraventions).

N'arrêter que les chiffonniers non autorisés ; pour les autres infractions, se conformer aux instructions données au mot contraventions.

Voy. Ravageurs.

CLAMEUR PUBLIQUE

La clameur publique est l'acclamation spontanée d'un assez grand nombre de personnes dignes de foi, sans passion et qui ne peuvent avoir d'intérêt à accuser le prévenu ; elle n'est pas établie par la déclaration vague de quelques personnes qui ont des soupçons, qui s'appuient sur des on-dit : il faut qu'elle soit basée sur des faits énoncés et précis ; ce sont ces faits qui doivent attirer l'attention des gardiens de la paix.

Voy. Flagrant délit.

CLÉS.

La contrefaçon, l'altération ou la fabrication de fausses clés sont punies par la loi. Sont qualifiés fausses clés tous crochets, rossignols, passe-partout, clés imitées, contrefaites, altérées ou qui n'ont pas été destinées par les propriétaires, locataires ou logeurs, aux serrures, cadenas ou aux fermetures quelconques auxquelles le coupable les a employées (délit).

Signaler au commissaire de police les serruriers et autres individus qui sont réputés fabriquer de fausses clés.

Il est défendu d'exposer et de mettre en vente des clés vieilles ou neuves séparément des serrures auxquelles elles étaient destinées (contravention).

Informer immédiatement le commissaire de police afin que ces clés soient saisies.

CLOTURES

La loi punit ceux qui détruisent des clôtures quelconques appartenant à autrui (délit).

Arrêter le coupable.

COALITIONS

La coalition des patrons et des ouvriers est libre. La loi ne punit que les violences et les fraudes employées pour faire baisser ou hausser le prix des travaux (délit).

Arrêter lorsqu'il y a flagrant délit.

CO-AUTEURS ET COMPLICES

Il y a lieu de distinguer les co-auteurs et les complices : les co-auteurs agissent de concert et prennent à l'action une part égale ; les complices y participent, mais secondairement et souvent indirectement. Sont considérés comme complices : 1° ceux qui ont provoqué l'action ou donné des instructions pour la commettre ; 2° ceux qui ont fourni des instruments pour y servir ; 3° ceux qui ont avec connaissance aidé sa perpétration. La loi a assimilé à la complicité le recel des malfaiteurs et le recel des objets volés. En matière de crimes et de délits, les complices sont toujours punis ; en matière de contraventions de simple police, la complicité ne donne lieu à l'application d'une peine que dans le cas de tapage injurieux ou nocturne.

COLPORTAGE

Tous colporteurs de livres, écrits, brochures, gravures et lithographies doivent être pourvus d'une autorisation du préfet de police. Chaque exemplaire doit être frappé de l'estampille de la préfecture de police ; l'estampille actuellement en usage est bleue et porte au centre le mot : *colportage* (délits).

Procéder à l'arrestation des individus qui contreviennent à ces dispositions et saisir les écrits ou dessins dont ils sont porteurs.

L'autorisation de colporter des imprimés ne contient pas celle de crier sur la voie publique, et ne dispense pas de la permission exigée à cet effet.

Voy. Crieurs.

COMMISSARIATS DE POLICE

Les gardiens de la paix ayant de fréquents rapports de service avec les commissaires de police et les employés des commissariats, il importe que ces relations aient toujours le caractère de dignité et de convenance dont les agents du gouvernement ne doivent jamais se départir entre eux.

COMMISSIONNAIRES

Ils doivent toujours être munis de leur médaille portée ostensiblement et de leur livret, et les représenter à toute réquisition des agents de police ou des personnes qui les emploient. Ils ne peuvent stationner ailleurs qu'au lieu indiqué sur leur livret. Les commissionnaires pour les églises et les théâtres ont une médaille et une permission spéciales (contraventions).

Mettre à la disposition du commissaire de police tout commissionnaire non permissionné ; pour les autres infractions, faire un rapport à ce fonctionnaire.

COMPLOTS

La loi punit les complots tramés contre la vie du chef de l'État ou de sa famille ou pour changer la forme du gouvernement (crimes).

Les gardiens de la paix doivent à cet égard transmettre au commissaire de police l'expression exacte des bruits qu'ils ont recueillis.

CONCERTS ET CAFÉS-CONCERTS

Les concerts publics doivent être autorisés par le préfet de police (contravention).

Les gardiens de la paix doivent signaler au commissaire de police les propriétaires des cafés, cabarets et autres établissements publics qui, sans permission, installent chez eux des pianos ou d'autres instruments ou font exécuter soit des chants, soit des parades. Lorsqu'ils sont chargés d'un service dans un concert, ils veillent à ce que le programme visé par le commissaire de police soit suivi en tous points ; ils n'ont aucune qualité pour permettre un changement quelconque ; nous leurs recommandons de signaler, dans le rapport qu'ils doivent adresser à l'officier de paix, tout artiste qui se serait fait remarquer par des paroles ou des gestes contraires aux bonnes mœurs.

CONCIERGES

Les concierges sont tenus d'ouvrir la porte d'entrée aux locataires à toute heure de nuit, mais ils ne se conforment pas toujours à cette obligation consacrée par l'usage. Il en résulte que, parfois, les locataires ne peuvent point rentrer chez eux. Lorsqu'une personne qui se trouve dans ce cas les requiert, les gardiens de la paix peuvent constater le fait et adresser un rapport au commissaire de police. Cet acte permet à la partie plaignante d'intenter ultérieurement une action civile contre le concierge et le propriétaire de sa maison.

CONDUITE DES CHEVAUX ET VOITURES DANS PARIS

DISPOSITIONS GÉNÉRALES

La conduite des voitures ne peut être confiée qu'à des individus âgés au moins de dix-huit ans [1]. Les charretiers et autres conducteurs de voitures de transport de marchandises doivent constamment avoir en mains le cordeau ou les guides. Il leur est défendu de monter sur leurs chevaux ou de quitter leur voiture pour porter des marchandises dans un établissement, sans avoir enchaîné une des roues. Ils ne peuvent monter dans leur voiture lorsqu'elle n'a ni guides ni banquette; quant aux voitures non suspendues pourvues d'un siège, ils ne peuvent les conduire en guides qu'autant qu'elles sont attelées d'un seul cheval et menées au pas. Ils doivent, lorsque plusieurs voitures marchent en convoi, distribuer leurs voitures de manière que chaque fraction de convoi se compose de trois voitures au plus, et laisser d'un convoi ou d'une fraction de convoi à l'autre, un intervalle de cinquante mètres. Ils doivent aussi prendre la partie de la chaussée qui se trouve à leur droite, même quand le milieu de la route serait libre, et reprendre leur droite lorsque l'obstacle qui les a forcés de dévier à gauche est dépassé. Il leur est défendu de faire passer sur les trottoirs leur voiture ou leurs chevaux, de faire stationner leur voiture sans nécessité ou vis-à-vis d'une autre voiture déjà arrêtée du côté opposé; de faire remorquer, par une voiture attelée, une ou plusieurs voitures non attelées, de conduire en état d'ivresse, de lutter de vitesse entre eux ou de laisser galoper leurs chevaux; de couper les convois

1. Exception est faite en faveur des postillons ou cochers de messageries dont le minimum d'âge est fixé à 16 ans.

funèbres et les détachements de troupes ; de traverser les Halles avant dix heures du matin ; de faire claquer leurs fouets ou de les agiter de manière à atteindre les passants. Ils doivent conduire leur voiture au pas dans les marchés, dans les rues étroites, au passage des barrières, au détour des rues, à la descente des ponts et sur tous les points de la voie publique où il existe soit une pente rapide, soit des obstacles à la circulation. Les cochers de voitures conduites en guides doivent, lorsqu'ils s'arrêtent ou ralentissent leur marche, élever leur fouet dans le but d'avertir les cochers ou charretiers qui les suivent. Il est défendu à tout cocher d'une voiture publique ou bourgeoise attelée de plus de deux chevaux de descendre de son siège pour ouvrir ou fermer les portières. Enfin, les conducteurs de voitures quelconques ou de bêtes de charge sont tenus, au premier coup de trompe donné par le cocher d'un tramway, de laisser la voie ferrée entièrement libre [1].

DISPOSITIONS SPÉCIALES

I. Cochers de voitures de place, de remise et de grande remise. — Ils doivent être pourvus d'un permis de conduire. Il leur est enjoint d'être polis et prévenants envers les voyageurs. Les cochers de voitures de place et de remise doivent offrir une carte indicative du numéro et du tarif de la voiture. Il leur est défendu d'admettre plus de voyageurs qu'il n'y a de places indiquées à l'intérieur de la voiture ; deux enfants de dix ans au plus peuvent toujours remplacer une personne et un enfant au-dessous de cinq ans ne compte pas pour une personne. Les cochers ne sont pas tenus de recevoir dans leur voiture des personnes en état d'ivresse ni d'y laisser monter des animaux. A l'exception des apprentis-cochers autorisés, ils ne doivent laisser monter personne sur leur

---

1. Il y a des voies où les voitures non suspendues ou trop pesamment chargées et même les voitures de toute espèce ne peuvent circuler. Comme des instructions sont données aux gardiens de la paix à cet égard, nous nous dispensons, en raison des modifications qui sont fréquemment apportées à ces prohibitions, de les désigner dans cet ouvrage.

siège sans l'agrément des voyageurs. Ils ne peuvent laisser monter qui que ce soit sur l'impériale ou se suspendre à leur voiture. Ils doivent, à la demande des voyageurs, relever ou abaisser les capotes des cabriolets et leur communiquer les règlements déposés dans la voiture. Ils sont tenus de porter l'uniforme adopté par la Préfecture de police. Ils doivent être munis : 1° d'un bulletin d'entrée en service; 2° de cartes indicatives du numéro et des tarifs de la voiture; 3° d'une feuille de travail; ils doivent aussi avoir dans leur voiture : 1° le livret de maître contenant les règlements sur la voiture ; 2° le permis de circulation; 3° le permis de station; 4° le laissez-passer de l'administration des contributions indirectes. Les cochers au service des personnes qui font usage des voitures louées à la journée, à la semaine, au mois ou à l'année ne sont tenus qu'au permis de circulation et au laissez-passer. Les cochers doivent représenter ces pièces à toute réquisition des agents de l'autorité. Ils ne peuvent confier à qui que ce soit la conduite de leur voiture ni se dessaisir des divers papiers prescrits par les règlements. Il leur est défendu de fumer et de dormir lorsque leur voiture est en marche, ou d'ôter leurs habits. Ils doivent éviter de faire passer leur voiture à une distance moindre de 0^{m}70 cent. des maisons ou des trottoirs et de mettre les roues dans le ruisseau. Ils ne peuvent faire arriver leurs voitures aux embarcadères des chemins de fer, aux théâtres, spectacles, bals, concerts et autres lieux de réunion et de divertissements publics qu'au pas, sur une seule file; dans ces circonstances, il leur est défendu de quitter, sous quelque prétexte que ce soit, leur siège et les rênes de leurs chevaux et ils ne doivent pas interrompre ou couper la file des voitures. Il leur est défendu de stationner sur des points non affectés au stationnement par l'administration, ou de se livrer à la maraude en parcourant la voie publique au petit pas ou en quête de voyageurs. Les cochers des voitures autorisées à stationner doivent toutefois, lorsqu'ils sont rencontrés ayant leur voiture vide, marcher à toute réquisition. Les cochers qui attendent à la porte des particuliers ne doivent pas quitter leur voiture. Sur les stations, ils doivent prendre rang au fur et à mesure de leur

arrivée, sans mettre leur voiture hors place. Il leur est dé
fendu de laver leur voiture sur la voie publique. Ils peuvent
faire manger et boire leurs chevaux sur les corps de place
et sur les réserves; toutefois cette faculté est interdite
aux cochers des deux premières voitures. Il leur est dé
fendu de faire boire et manger leurs chevaux sur les
avançages, ainsi que sur tout autre point de la voie pu
blique. Cependant, lorsque les cochers sont gardés, ils
peuvent faire manger l'avoine sur quelque point de la
voie publique que ce soit, mais à la condition qu'ils se
tiennent à la tête de leurs chevaux et que l'avoine soit
enfermée dans une musette. Les cochers des deux pre
mières voitures d'un corps de place ou d'un avançage
doivent toujours être prêts à marcher. Cependant, toutes
les fois qu'un corps de place a été complètement évacué
les cochers des deux premières voitures arrivées sur ce
point peuvent y faire manger et boire leurs chevaux. I
leur est défendu de les débrider entièrement : ils doivent
leur enlever seulement le mors de la bouche. Il leur est
enjoint de marcher à toute réquisition quel que soit le
rang qu'occupe la voiture. Ils ne peuvent s'absenter de la
station sans l'autorisation du surveillant. Il leur est in
terdit de former des groupes, de troubler l'ordre sur la
voie publique ou de dégrader les arbres. Enfin, ils doivent
se conformer à tous les règlements concernant la con
duite des chevaux et des voitures.

REMARQUE

DROITS RESPECTIFS DES COCHERS ET DES VOYAGEURS

Voici les dispositions réglementaires inhérentes au tarif :

Les cochers doivent toujours demander aux voyageurs s'ils veulent
marcher à la course ou à l'heure. Dans le premier cas, ils peuvent
suivre la voie la plus courte; dans le second cas, ils doivent prendre
l'itinéraire qui leur est indiqué. Ils ont droit au prix de l'heure, bien
qu'ayant été loués pour une course, lorsque le temps employé pour
aller charger à domicile a excédé quinze minutes, ou lorsqu'ils sont re
quis de changer l'itinéraire le plus direct, ou, enfin, lorsque les voya
geurs font décharger des colis placés à l'extérieur de la voiture. La
première heure est due intégralement, lors même qu'elle ne serait pas
entièrement écoulée; le temps excédant la première heure est payé
proportionnellement à sa durée. Lorsqu'ils se sont rendus à domicile,

t qu'ils sont renvoyés, il leur est dû la moitié du prix d'une course
i le temps employé pour le déplacement ne dépasse pas un quart
'heure et le prix entier d'une course si le temps excède un quart
'heure. Ils ne peuvent parcourir plus de huit kilomètres à l'heure.
os cochers loués avant minuit 30 minutes, qui arrivent à destination
près cette heure, n'ont droit, pour la course ou pour la première
eure, qu'au prix fixé pour le jour ; pris avant 6 heures du matin en
té et 7 heures en hiver, ils ont droit au tarif de nuit pour la course ou
 première heure, quand bien même ils arriveraient à destination
près ces heures. De 6 heures du matin à 10 heures du soir en hiver et
linuit en été, ils ne sont tenus de franchir les fortifications, pour con-
uire dans les bois de Boulogne ou de Vincennes ou dans les communes
ontiguës à Paris, qu'autant qu'ils ont été pris à l'heure ; après 10
eures du soir en hiver et minuit en été, ils ne sont pas tenus de les
ranchir : le transport alors est réglé de gré à gré, de même que le
ransport dans les communes dont le territoire n'est pas contigu à
'aris. Lorsqu'après avoir conduit dans Paris à l'heure ou à la course,
s mènent dans les communes contiguës, le temps employé est payé
ans la ville, suivant le tarif de l'intérieur, et, au delà des fortifica-
ions, suivant le tarif de l'extérieur : ils ont droit alors à l'extérieur à un
epos de 20 minutes. Mais s'ils sont loués dans Paris pour conduire direc-
ment dans l'une des communes contiguës, le tarif de l'extérieur est
û à partir de la location. Loués en dehors des fortifications à destina-
ion de Paris, ils n'ont droit qu'au prix du tarif de l'heure dans l'inté-
ieur de Paris. Lorsqu'ils sont pris avant 10 heures du soir en hiver
t minuit en été pour se rendre soit dans les communes contiguës, soit
ans les bois de Vincennes ou de Boulogne, ils ne peuvent exiger, lors
ième qu'ils arrivent à destination après 10 heures ou minuit, suivant
 saison, un salaire plus élevé que celui qui résulte du tarif de jour.
ous les colis sont assujettis à la taxe (1 colis, 0 fr. 25, 2 colis, 0 fr. 50
 colis et au-dessus, 0 fr. 75) à l'exception des objets que l'on peut por-
r à la main ou tenir dans l'intérieur de la voiture. Enfin, dans aucun
as, les cochers ne peuvent exiger de pourboire.

II. Cochers des Omnibus et tramways. — Les co-
hers doivent être munis de leur bulletin d'entrée en
ervice ; ils sont astreints aux mêmes règlements que les
utres cochers. Quant aux conducteurs, ils doivent être
orteurs : 1° du permis de circulation et de station de la
oiture ; 2° du laissez-passer délivré par l'administration
es contributions indirectes ; 3° de leur bulletin d'entrée
n service.

**III. Cochers des omnibus desservant les chemins
e fer.** — Ils doivent, dans le cours du service, être por-
eurs : 1° de leur bulletin d'entrée en service ; 2° de l'ex-

trait de la déclaration faite à la préfecture de police; 3° du laissez-passer de l'administration des contributions indirectes. Il leur est défendu de déposer, en se rendant aux gares, des voyageurs sur la voie publique. Au retour et en dehors des gares, ils ne peuvent admettre de voyageurs dans leur voiture. Ils sont tenus d'arrêter leur voiture toutes les fois qu'ils ont à prendre ou à déposer des voyageurs. Ils doivent se conformer aux obligations générales imposées aux autres cochers et aux règlements concernant la conduite des chevaux et des voitures.

IV. Cochers de voitures bourgeoises. — Ils sont tenus d'observer les règlements imposés aux autres cochers pour la marche dans Paris. Ils ne peuvent faire aucun service public.

V. Conducteurs des voitures de messageries. — Ils doivent être constamment porteurs de l'autorisation du Préfet de police relative à la mise en circulation, et sont tenus de justifier de cette pièce à toute réquisition des agents de l'autorité. Il leur est interdit d'opérer, sur aucun point de la voie publique, le chargement ou le déchargement des voyageurs ou des marchandises; de sonner de la trompette ou de s'annoncer par tout autre instrument; de laisser se suspendre à la voiture ou s'y tenir extérieurement, de laisser fumer sur l'impériale ou dans l'intérieur. Ils doivent, en outre, se conformer aux règlements concernant la conduite des chevaux et des voitures.

VI. Conducteurs des voitures faisant le transport en commun dans les communes du ressort de la Préfecture de police. — Ils doivent toujours être porteurs : 1° d'un bulletin d'entrée en service; 2° de l'extrait de la déclaration faite à la préfecture de police; 3° du laissez-passer de l'administration des contributions indirectes. Ils sont tenus de représenter ces pièces à toute réquisition des agents de l'autorité. Si le cocher est propriétaire de la voiture, il est dispensé du bulletin d'entrée en service. Dans Paris, au départ, ils prennent des voyageurs, mais ils ne peuvent les déposer sur la voie publique; au retour, ils déposent les voyageurs à l'intérieur de Paris, sans en admettre de nouveaux. Il leur est défendu de laisser monter dans leur voiture des individus en état d'ivresse et de se livrer à la maraude en parcourant la voie publique en quête de voyageurs. Ils doivent, enfin, se soumettre aux obligations générales imposées aux autres cochers (contraventions).

Se conformer aux instructions données aux mots accidents et contraventions.

Voy. Avenue du bois de Boulogne, Boulevards, Champs-Elysées Convois, Détachements de troupes, Fouets, Voitures.

CONDUITES D'EAU ET DE GAZ

Les entrepreneurs chargés de l'entretien des conduites des eaux de la ville, les propriétaires des conduites particulières d'eau et de gaz et leurs entrepreneurs sont tenus, dans le cas de rupture des conduites, et chacun pour ce qui le concerne, de mettre des ouvriers en nombre suffisant pour que les réparations en soient effectuées dans les 24 heures des avertissements qu'ils ont reçus d'un Commissaire de Police, d'un agent d'administration et même d'un particulier. Ils sont tenus provisoirement de faire arrêter sur-le-champ le service de ces conduites et de pourvoir à la sûreté de la voie publique, soit en comblant les excavations, soit en les entourant de barrières, en les éclairant pendant la nuit, et en y posant, au besoin, des gardes (contraventions).

Signaler au commissaire de police les ruptures de conduites d'eau et de gaz.

Voy. Fouilles et Tranchées.

CONGÉS

Des congés peuvent être accordés aux gardiens de la paix lorsqu'il y a cause valable et que les exigences du service le permettent. Le maximum des congés est, en général, de quinze jours, sans retenue de traitement. Les demandes pour les obtenir doivent être adressées à M. le Préfet de police par la voie hiérarchique.

CONSTRUCTIONS ET RÉPARATIONS

Des constructions ou réparations ne peuvent être faites sur la voie publique sans avoir justifié au commissaire de police du quartier de la permission délivrée à cet effet par le Préfet de la Seine.

Dans le cas de constructions, on ne doit commencer les travaux qu'après avoir établi, avec l'autorisation du Préfet de police, une barrière en charpentes et planches jointives ayant au moins 2^m,25 cent. de hauteur, placée de manière à ne pas gêner le libre écoulement des eaux, disposée à ses deux extrémités en pans coupés de 45 degrés, avec portes ouvrant en dedans, et pourvue d'un écriteau portant le nom et la demeure de l'entrepreneur. Les échafauds doivent monter de fond, et, si la localité ne le permet pas, ils doivent être établis en bascule, à 4 mètres au moins du sol.

Pour les réparations, on doit faire usage d'échafauds volants ou à bascule, sans points d'appui directs sur la voie publique et d'un mètre 25 cent. au plus de saillie. Le premier plancher au dessus du rez-de-chaussée, doit être formé de planches jointives et avec rebords. Lorsque des circonstances particulières exigent des points d'appui directs, il faut une permission du Préfet de police. Si l'administration autorise la pose d'une barrière, pour les travaux de réparations, cette barrière doit être établie conformément aux prescriptions indiquées pour le cas de constructions.

Les barrières et les échafauds montant de fond au-devant desquels il n'existe pas de barrières doivent être éclairés la nuit ; si le travail est interrompu pendant plus de huit jours, il faut, pour les conserver, une autorisation du Préfet de police.

Il ne faut rien jeter sur la voie publique ou, si on ne peut l'éviter, on doit faire stationner un ou deux ouvriers âgés de 18 ans au moins, munis d'une règle de 2 mètres de longueur pour avertir les passants. Lorsqu'il y a impossibilité de faire entrer dans la propriété les voitures destinées aux approvisionnements ou à l'enlèvement des terres et gravois, on doit les placer parallèlement à la maison et jamais en travers de la rue. Les matériaux doivent être rentrés dans l'enceinte de la barrière ou dans la maison. Le sciage et la taille de la pierre sur la voie publique sont expressément défendus. Si, par suite de circonstances imprévues, des matériaux doivent rester pendant la nuit sur la voie publique, les entrepreneurs sont tenus d'en donner avis au commissaire de police et de pourvoir à l'éclairage. Aucun déchargement ne peut être fait après la retraite des ouvriers. On doit dans les 48 heures qui suivent la suppression des barrières et échafauds, faire réparer les dégradations du pavé (contraventions).

Voy. à l'appendice : Echafaudages.

Se conformer aux instructions données au mot contraventions.

CONTRAVENTIONS

Il y a deux sortes de contraventions : les unes sont permanentes et les autres passagères. Les premières, qui existent depuis quelque temps, doivent nécessairement être déférées au commissaire de police qui prend les mesures nécessaires pour les faire cesser. Les secondes, appelées fugitives ou passagères parce qu'elles peuvent disparaître bientôt et qu'elles cessent généralement par le seul fait de leur constatation, devraient être déférées de même au commissaire de police ; cependant, les gardiens de la paix peuvent les constater directement toutes les fois que leur auteur est connu ou qu'il justifie de son identité et de son domicile par pièces suffisantes, telles que patente, feuille de contribution, quittance de loyer, lettres timbrées de la poste, cartes de visite avec adresse, appuyées de pièces qui ne doivent se trouver que dans les mains de leur propriétaire. Lorsque le contrevenant ne peut se faire connaître, il doit être conduit chez le commissaire de police ; aux heures de fermeture du bureau, il peut être représenté à des personnes connues qui le réclament, ou retenu au poste pour être mis à la disposition du commissaire de police. Toutes les fois que l'auteur d'une contravention ne reconnaît pas le fait ou qu'il n'a pu être vu personnellement, il faut déférer également au commissaire de police qui recueille les renseignements nécessaires. Les contraventions doivent être constatées avec discernement et sans passion ; nous recommandons aux gardiens de la paix de toujours prévenir tout particulier qu'ils voient sur le point de commettre une infraction aux règlements et de ne constater la contravention que lorsque leurs avertissements sont demeurés sans résultat ou que la mauvaise volonté est évidente. Est-il nécessaire d'en donner avis à la partie intéressée ? La loi n'impose aucune obligation à cet égard ; toutefois, il convient de dénoncer le fait soit au contrevenant lui-même, soit à une personne qui le représente ; cette précaution ne peut être négligée qu'en cas d'impossibilité. Enfin, lorsqu'il y a nécessité, les gardiens de la paix doivent faire cesser la contravention qu'ils ont constatée.

CONVOIS FUNÈBRES

Il est interdit aux conducteurs de voitures quelconques d'arrêter les convois funèbres, de les interrompre ou de les séparer dans leur marche. Aucun emblème ne peut être apposé sur le cercueil pendant le trajet. Les employés de l'entreprise des pompes funèbres ne peuvent monter sur les chars et corbillards à leur retour du cimetière (contraventions).

Se conformer aux instructions données au mot contraventions.

Voy. Emblèmes séditieux.

CORRUPTION

La loi punit les agents de police qui agréent des offres ou promesses ou reçoivent des dons ou présents pour faire un acte de leurs fonctions, même juste, mais non sujet à salaire ou pour s'abstenir de faire un acte qui rentrerait dans l'ordre de leurs devoirs (crime).

Ces dispositions sont applicables aux gardiens de la paix.

Sont également punissables les personnes qui corrompent ou tentent de corrompre ces agents par voies de fait, menaces, promesses, dons ou présents pour obtenir un acte de leur ministère ou l'abstention de tout autre acte (crime; délit lorsque la tentative de corruption n'a eu aucun effet).

Les coupables doivent être arrêtés.

CRIEURS, CHANTEURS, VENDEURS ET DISTRIBUTEURS

Aucun crieur, chanteur, vendeur et distributeur d'écrits, dessins ou emblèmes imprimés, lithographiés, autographiés, moulés, gravés ou à la main, ne peut exercer sa profession sans autorisation du Préfet de police. Ils doivent, à toute réquisition des agents de l'autorité, représenter leur permission et l'exemplaire de l'écrit ou du dessin visé pour dépôt à la préfecture de police. Il est défendu d'annoncer des écrits autrement que par leur titre et de vendre ou distribuer de faux extraits de journaux, jugements et actes de l'autorité publique (délits).

Arrêter les délinquants et saisir leurs imprimés.

Les crieurs, chanteurs, vendeurs et distributeurs doivent porter leur médaille ostensiblement ; ils ne peuvent exercer leur profession sur la voie publique avant 8 heures du matin ou après 6 heures du soir, du 1er octobre au 1er avril, et, avant 7 heures du matin ou après 8 heures du soir du 1er avril au 1er octobre. Il leur est interdit de stationner sur la voie publique ou d'exercer avec costumes, enseignes, écriteaux ou poteaux garnis d'affiches (contraventions).

Se conformer aux instructions données au mo contraventions.

Voy. Colportage, Journaux.

CRIS SÉDITIEUX

Que faut-il entendre par cris séditieux? Ce sont des cris qui, en rappelant ou glorifiant un régime déchu, sont de nature à troubler l'ordre public. Il est défendu de les proférer publiquement. (délit).

Ceux qui profèrent en public des cris séditieux doivent être arrêtés.

CULTES

La loi punit toute voie de fait ou contrainte exercée pour entraver l'exercice d'un culte (délit dans les cas ordinaires ; crime quand le ministre du culte a été frappé dans ses fonctions). Sont également punissables les troubles qui ont produit un empêchement, un retard ou une interruption dans l'exercice du culte, les outrages, par paroles ou gestes, envers les objets d'un culte dans les lieux servant à son exercice ou envers les ministres de ce culte dans leurs fonctions (délits).

Les gardiens de la paix chargés d'un service dans un édifice consacré à un culte reconnu doivent arrêter tous les perturbateurs.

DANSES

Voy. Bals.

DÉBAUCHE

La loi punit ceux qui excitent, favorisent ou facilitent habituellement la débauche des mineurs (délit).

Signaler au commissaire de police les personnes qui exercent le vil métier de proxénètes.

DÉBITS DE BOISSONS

On ne peut ouvrir un débit de boissons à consommer sur place sans permission du Préfet de police (délit). Il est défendu aux maîtres de ces établissements de recevoir des femmes de débauche. Les filles du comptoir des débits de liqueurs, prunes et chinois ne doivent pas se faire remarquer par des provocations à l'égard des passants (contraventions).

Faire un rapport au commissaire de police.

Voy. Lieux publics.

DÉCORATIONS

Voy. Usurpation de fonctions ou titres.

DÉCROTTOIRS

Il est défendu d'établir des décrottoirs en saillie sur la voie publique ou devant des maisons et boutiques (contravention).

Faire un rapport au commissaire de police.

DÉGRADATIONS

Sont punissables : 1° Ceux qui mutilent ou dégradent les monuments publics, les œuvres d'art et toutes les constructions utiles (délits); 2° Ceux qui causent volontairement du dommage aux propriétés mobilières d'autrui ou dégradent les barrières, échafauds, poteaux et lanternes des constructions (contraventions).

Arrêter les coupables.

DÉGUISEMENT

Il est défendu de se déguiser ou de se travestir *hors le temps du carnaval*. Une femme ne peut s'habiller en homme sans autorisation du Préfet de police (contravention ou délit, selon le cas).

Arrêter toute personne déguisée ou travestie.

Voy. Vagabondage et Mendicité.

DÉMÉNAGEMENTS FURTIFS

Les gardiens de la paix doivent, sur la réquisition

du concierge ou du propriétaire, s'opposer au départ des meubles et conduire les parties devant le commissaire de police. Ceux qui déménagent furtivement pendant la nuit doivent être arrêtés.

DÉMOLITIONS

On ne peut faire aucune démolition sur la voie publique sans autorisation du Préfet de police et avant d'avoir établi les barrières nécessaires suivant les prescriptions concernant les barrières pour construction. (Voy. constructions.) Il est interdit de procéder par abattage ou de jeter les gravois en dehors. Lors des démolitions qui peuvent faire craindre des accidents, indépendamment des ouvriers munis d'une règle qu'on doit faire stationner pour avertir les passants, la circulation au pied du bâtiment doit être défendue dans toute la partie de la voie publique sur laquelle les matériaux pourraient tomber, par une enceinte de cordes portées sur des poteaux qu'il faut enlever chaque soir. Il est défendu de déposer sur la voie publique des matériaux provenant de la démolition, sauf dans le cas de nécessité reconnue par le commissaire de police, et à la charge de les enlever au fur et à mesure du dépôt et de n'en jamais laisser la nuit. Il est également interdit d'opérer le chargement des tombereaux à l'aide de trémies. Toutes les voitures de transport doivent être placées parallèlement à la maison et jamais en travers de la rue. Dès que les travaux de démolition sont terminés, il faut enlever les barrières, réparer les dégradations de pavé, et clore le terrain par un mur en maçonnerie ou par une barrière en charpentes et planches jointives ayant au moins deux mètres cinquante centimètres de hauteur (contraventions).

Faire un rapport au commissaire de police.

DÉNONCIATION

On entend par dénonciation l'action de porter à la connaissance de l'autorité compétente tout fait qui nuit à autrui.

Toutes les fois qu'une personne signale à un gardien de la paix un fait qualifié crime ou délit, il doit, après avoir pris les renseignements nécessaires pour faire un rapport au commissaire de police, inviter le dénonciateur à se présenter au commissariat ; il ne l'y accompagne que lorsque l'importance de l'affaire l'exige. Si la personne impute le fait à une autre personne présente, il agit comme au cas de réquisition.

Voy. Réquisition.

DÉPOTS SUR LA VOIE PUBLIQUE

On ne peut, sans autorisation du commissaire de police, déposer des matériaux sur la voie publique. La quantité de ces matériaux ne doit jamais excéder le chargement d'un tombereau, et leur enlèvement complet doit toujours être effectué avant la nuit. Les débris provenant des fosses d'aisances ne peuvent jamais être déposés sur la voie publique : ils doivent être immédiatement emportés.

Il est également interdit de laisser sans permission sur la voie publique des objets quelconques.

Les voitures de toute espèce, à l'exception des tonneaux de porteurs d'eau, doivent être remisées pendant la nuit, dans des emplacements hors de la voie publique.

Les matériaux, objets et voitures laissés pendant la nuit sur la voie publique, avec autorisation du commissaire de police, doivent être éclairés (contraventions).

On doit, tout en se conformant aux instructions données au mot contraventions, faire cesser autant que possible la contravention, et, si les objets déposés pendant la nuit ne sont pas éclairés, faire pourvoir à l'éclairage soit par le propriétaire de ces objets, soit par le garçon de bureau du commissariat.

Voy. Abandons, Boulevards et Promenades.

DÉSERTEURS

Est considéré comme déserteur à l'intérieur : 1° Six jours après celui de l'absence constatée, tout sous-officier, caporal, brigadier ou soldat qui s'absente de son corps ou détachement sans autorisation; néanmoins, si le soldat n'a pas trois mois de service, il ne peut être considéré comme déserteur qu'après un mois d'absence; 2° Tout sous-officier, caporal, brigadier ou soldat voyageant isolément d'un corps à un autre, ou dont le congé ou la permission est expiré, et qui, dans les quinze jours qui suivent celui fixé pour son retour ou son arrivée au corps, ne s'y est pas présenté. Est déclaré déserteur à l'étranger, en temps de paix, trois jours, et en temps de guerre, un jour après celui de l'absence constatée, tout militaire qui franchit, sans autorisation les limites du territoire français, ou qui, hors de France, abandonne le corps auquel il appartient.

Rechercher et arrêter les déserteurs dont les signalements sont transmis par l'administration.

DESTRUCTION DE PROPRIÉTÉS

La loi punit les destructions et dévastations des propriétés mobilières et immobilières (crime ou délit, selon le cas).

Arrêter le coupable.

DÉTACHEMENTS DE TROUPES

Il est défendu aux conducteurs de voitures de couper les détachements de troupes (contravention).

Se conformer aux instructions données au mot contraventions.

DEVANTURES DE BOUTIQUES

Elles ne peuvent être posées sans autorisation du Préfet de police ou à plus de seize centimètres de saillie. Il est interdit de les laver après les heures fixées pour le balayage (contraventions).

Faire un rapport au commissaire de police.
Voy. Balayage et Nettoiement.

DEVINS

On ne peut faire métier de deviner et pronostiquer ou d'expliquer les songes (contravention).

Arrêter les gens qui exercent ce métier sur la voie publique et saisir leurs costumes et instruments.
Voy. Saltimbanques.

DISPUTES

Les gardiens de la paix, dont le devoir est de réprimer toute cause de désordre, doivent intervenir en cas de disputes pour faire cesser le scandale.
Voy. Bruits et tapages injurieux et nocturnes.

DOMICILE

Les gardiens de la paix ont-ils le droit d'entrer dans un domicile particulier malgré la volonté du citoyen? Non : la maison de chaque habitant est un asile où les agents de police ne peuvent s'introduire sans se rendre coupables d'abus de pouvoir, sauf les cas déterminés ci-après. Pendant le jour, ils peuvent y pénétrer pour prêter main-forte à un commissaire de police ou à toute autre autorité judiciaire; pendant la nuit (V. Nuit), ils ne peuvent y pénétrer que dans les cas d'incendie, d'inondation ou de réclamation venant de l'intérieur de la maison.

Il y a encore d'autres circonstances qui commandent aux agents d'intervenir pendant le temps de nuit comme pendant le temps de jour : ainsi ils doivent s'introduire, s'il en est besoin, dans les établissements publics pendant leur ouverture. Dans tous les autres cas et jusqu'à ce que le jour ait paru, les gardiens de la paix doivent se borner à investir la maison en attendant l'arrivée du commissaire de police qu'ils ont dû faire prévenir. L'asile d'un habitant n'est pas violé quand il consent à ce que les agents y pénètrent, mais il faut autant que possible, par respect du domicile particulier, éviter cette extension.

Voy. Abus d'autorité et Lieux publics.

DROIT PÉNAL

Le droit pénal est l'ensemble des lois qui déterminent les peines et la procédure à suivre pour les appliquer. Il se divise en deux codes : 1° le Code pénal, qui comprend les lois qui déterminent le caractère des crimes, délits et contraventions, et fixe la peine à leur appliquer ; 2° le Code d'instruction criminelle qui trace la procédure à suivre pour les poursuivre et pour les juger. La loi pénale est appliquée indépendamment de la qualité des personnes : il n'y a donc pas à distinguer, lors d'une arrestation, si le coupable est national ou étranger. Nous rappelons, toutefois, que les agents diplomatiques étrangers ne peuvent être atteints.

DROITS CIVIQUES

Voy. Attroupements et Vote.

DUEL

Le duel, même avec chances réciproques et sans déloyauté, lorsqu'il est suivi de mort est un assassinat ; les blessures faites en duel constituent un crime ou un délit suivant les résultats occasionnés. Les témoins sont poursuivis comme complices.

Le gardien de la paix qui apprend qu'un duel doit avoir lieu en informe immédiatement le commissaire de police; s'il y a flagrant délit, il arrête les combattants et les témoins.

EAUX

Voy. Bains, Boulevards et Promenades, Égouts, Projections sur la voie publique.

ÉCHELLES

Voy. Abandon.

ÉCHENILLAGE

Tout propriétaire doit écheniller chaque année, avant le 20 février, ses haies, arbres ou buissons (contravention).

Signaler au commissaire de police ceux qui contreviennent à ces dispositions.

ÉCLAIRAGE PUBLIC

L'éclairage public étant exécuté d'après des cahiers de charges, les gardiens de la paix doivent signaler au commissaire de police les infractions commises par les employés de la Compagnie adjudicataire; ils font un rapport, notamment, lorsque les heures fixées pour l'allumage et l'extinction ne sont pas observées ou lorsqu'on néglige d'allumer un ou plusieurs becs.

ÉCRITEAUX

Les écriteaux doivent être attachés et appliqués contre les murs (contravention).

En cas d'infraction à cette disposition, faire un rapport au commissaire de police.

ÉGOUTS

I. Travaux d'égouts. — On ne peut construire un égout sans autorisation du Préfet de police et sans avoir prévenu vingt-quatre heures d'avance le commissaire de police du quartier. Les parties de la voie publique où s'exécutent les travaux doivent être garanties par une barrière à hauteur d'appui, avec courant de lisses. L'écou-

vement des terres doit être fait, autant que possible, à mesure des fouilles, de manière à ne pas en laisser qui puissent gêner la circulation. Il est interdit de nuire à l'écoulement des eaux pluviales et ménagères. On doit placer, au-dessus de tout dépôt de matériaux, un écriteau peint en noir sur fond blanc et indicatif des nom et demeure de l'entrepreneur à qui ils appartiennent. Sous aucun prétexte, il ne peut être formé de chantier pour la taille des pierres sur la voie publique.

II. Jet dans les égouts. — Il est interdit de jeter dans les égouts des objets ou matières pouvant les obstruer ou infecter (contraventions).

Déclarer contravention aux personnes qui jettent dans les égouts de l'urine, de la boue, des immondices solides ou des matières fécales; signaler au commissaire de police les industriels qui, avant de déverser sur la voie publique les eaux acides qu'ils rejettent comme résidus de fabrication, ne les neutralisent pas avec de la craie.

EMBLÈMES SÉDITIEUX

Le drapeau et la cocarde tricolores sont les seuls insignes nationaux. La loi punit le port public de tous signes extérieurs de ralliement non autorisés, l'exposition dans des lieux publics, la distribution ou la mise en vente de tous signes ou symboles propres à propager l'esprit de rébellion ou à troubler la paix publique (délits).

Arrêter ceux qui portent des emblèmes séditieux; signaler au commissaire de police les boutiques où sont exposés des emblèmes non autorisés.

EMPOISONNEMENT

L'empoisonnement est tout attentat à la vie d'une personne par l'effet de substances qui peuvent donner la mort : c'est un homicide volontaire avec préméditation. Une peine est appliquée dès que le poison est employé ou administré, quelles que soient les suites (crimes).

Le gardien de la paix qui acquiert la connaissance d'un empoisonnement doit en donner avis immédiatement au commissaire de police ; on peut arrêter le coupable présumé.

ENFANTS

I. Enfants abandonnés. — La loi punit l'exposition ou délaissement dans un lieu solitaire ou non solitaire d'un enfant au-dessous de sept ans (délit ; crime lorsque l'abandon a causé des infirmités permanentes ou la mort) ;

Tout enfant trouvé abandonné sur la voie publique ou ailleurs doit être déposé au commissariat avec les vêtements, linges et objets servant d'enveloppe ou ayant été laissés sur le corps ; on recueille tous les renseignements possibles pour les communiquer au commissaire de police ; les auteurs du dépôt doivent être arrêtés s'ils ont été vus. On agit de même lorsqu'on découvre un cadavre d'enfant ou un fœtus.

II. Enfants égarés.

Les enfants égarés doivent être conduits au commissariat, ou, si ce bureau est fermé, au poste de police, pour être mis à la disposition du commissaire de police. Il faut, en outre, adresser immédiatement à la Préfecture de police un télégramme donnant le signalement de ces enfants.

III. Exécution de la loi protectrice des enfants du premier âge.

Rechercher avec discrétion et signaler au commissaire de police les personnes qui élèvent chez elles, moyennant salaire, un ou des enfants âgés de moins de deux ans et qui ne sont pas munies de l'autorisation prescrite par les règlements.

IV. Enfants jouant sur la voie publique. — Il est

défendu aux père, mère, tuteurs ou maîtres de laisse
courir et jouer à l'abandon sur la voie publique leur
enfants, pupilles et apprentis (contravention).

Se conformer aux instructions données au mo
contraventions.

V. Surcharge d'enfants. — Les enfants, depuis l'âge
de 12 ans jusqu'à celui de 14 ans révolus, ne peuvent être
chargés sur la tête ou sur le dos au delà du poids de
10 kilogrammes. Les enfants, depuis l'âge de 14 ans jus
qu'à celui de 16 ans révolus, ne peuvent, dans les mêmes
conditions, recevoir une charge supérieure à 15 kilogrammes. Il est interdit de faire traîner aux enfants de
12 à 16 ans des charges exigeant des efforts supérieurs à
ceux qui correspondent aux poids indiqués plus haut
(contraventions correctionnelles).

En cas d'infraction à ces dispositions, on pèse la
charge chez tout commerçant qui a une bascule et
on la fait porter au poste de police ; on prend ensuite tous les renseignements nécessaires pour faire
un rapport au commissaire de police ; les marchandises doivent être rendues au patron lorsqu'il vient
les réclamer.

**VI. Enfants employés dans les professions ambu-
lantes.** — Sont punissables les individus qui font exécuter par des enfants de moins de 16 ans des tours de force
périlleux ou des exercices de dislocation et ceux, autres
que les pères et mère, pratiquant la profession de charlatans, qui emploient dans leurs représentations des
enfants âgés de moins de 16 ans. Une peine est également
appliquée aux père et mère saltimbanques qui emploient
dans leurs représentations leurs enfants âgés de moins
de 12 ans. Les acrobates doivent être porteurs de l'extrait des actes de naissance des enfants placés sous leur
conduite (délits).

Mettre les saltimbanques et les enfants à la disposition du commissaire de police.

Voy. Infanticide.

ENREGISTREMENT

Les rapports des gardiens de la paix ne sont pas assujettis à la formalité de l'enregistrement.

ENTRAVES A LA LIBERTÉ DES ENCHÈRES

La loi punit les troubles et les entraves qui porten atteinte à la liberté des adjudicataires (délit).

Arrêter quand il y a réquisition.

ÉPILEPTIQUES

Les épileptiques doivent être transportés soit dans une pharmacie soit dans un poste. Lorsque la crise se prolonge, il faut prévenir le commissaire de police. En cas de maladie, on appelle un médecin. Les gardiens de la paix doivent mettre les épileptiques à la disposition du commissaire de police quand ces individus cherchent à tirer profit de leurs crises.

ÉPIZOOTIES

On donne le nom d'épizooties aux maladies contagieuses qui attaquent les animaux, principalement les bestiaux.

Signaler au commissaire de police les individus qui ont des animaux soupçonnés d'être atteints de ces maladies ; veiller à ce que les détenteurs des bêtes malades prennent les mesures nécessaires pour qu'elles ne communiquent pas avec les animaux sains.

ÉQUARRISSEURS

L'abattage et l'équarrissage des animaux ne peuvent avoir lieu que dans les établissements légalement autorisés. Les voitures de transport doivent être conduites de manière à ne laisser échapper aucun liquide et à ne pas laisser voir ce qu'elles contiennent; elles doivent avoir, indépendamment de la plaque réglementaire, une in-

scription indicative des nom et demeure de l'équarrisseur
et une estampille particulière. Les équarrisseurs son
tenus d'enlever immédiatement, sur la réquisition qu
leur en est faite, les animaux morts sur la voie publiqu
ou chez les particuliers (contraventions).

Faire un rapport au commissaire de police.

ESCROQUERIES

La loi punit quiconque, pour se faire remettre de
fonds, des valeurs, des marchandises ou autres objet
fait usage de faux noms et de fausses qualités ou a re
cours à des manœuvres frauduleuses (délit).

Arrêter lorsqu'il y a réquisition sur la voie pu
blique.

ÉTALAGES

Il est défendu aux marchands bouchers, charcutier
tripiers et autres, de former des étalages de viande e
saillie du nu des murs de face. Tout étalage formé de pièce
d'étoffe disposées en draperie et guirlande et forman
saillie est interdit au rez-de-chaussée; il ne peut descen
dre qu'à trois mètres du sol de la voie publique. Son
également interdits tous étalages en dehors des limite
réglementaires ainsi que tous dépôts de tonneaux, caisse
tables, bancs, châssis, étagères, meubles et autres objet
sur la voie publique, devant des magasins et les bo
tiques (contraventions).

Signaler au commissaire de police les étalage
pouvant gêner la circulation ou salir les passants
veiller à ce que les étalages autorisés n'excèdent pa
50 centimètres et empêcher les titulaires de ces per
missions de vendre sur la voie publique. Se confor
mer, en outre, aux instructions données au mo
contraventions.

ÉTALAGISTES

Les étalagistes ne peuvent vendre que les marchandise
indiquées dans leur permission. Il leur est interdit d'oc

cuper d'autres emplacements que celui qui leur a été assigné. Ils sont tenus de représenter à toute réquisition des agents de police leur permission et leur patente ou certificat d'exemption de patente (contraventions).

Se conformer aux instructions données aux mots contraventions, marchands et patentes.

ÉVASION

Les gardiens de la paix sont responsables des individus arrêtés placés sous leur garde. Ils encourent une peine ou une punition lorsque, par négligence, ils procurent ou facilitent l'évasion d'un inculpé.

EXCAVATIONS

En cas d'excavations, on doit informer immédiatement le commissaire de police qui fait prendre les mesures nécessaires pour éviter tout accident. Les excavations doivent être entourées d'une corde et éclairées pendant la nuit.

EXTORSION

La loi punit tout individu qui, par force, violence ou contrainte, extorque à autrui des signatures ou des titres (délit).

Arrêter l'inculpé quand il y a réquisition sur la voie publique.

FAUTES ET PUNITIONS

Les principales fautes contre la discipline sont : 1° tout défaut d'obéissance; 2° tout murmure, mauvais propos et signe de mécontentement envers les supérieurs, tout manquement au respect qui leur est dû; 3° tout dérèglement de conduite et l'habitude de contracter des dettes ; 4° les querelles, soit entre gardiens de la paix, soit avec des habitants; 5° l'ivresse; 6° le manquement aux appels et toute absence non autorisée; 7° toute contravention aux règlements sur la discipline et sur les différentes parties du service; 8° enfin, tout ce qui dans la conduite ou la vie habituelle de l'agent s'écarte de la règle, de l'ordre, de l'esprit de déférence que le subordonné doit à ses chefs.

Toute infraction commise par un gardien de la paix peut entraîner, suivant les circonstances : 1° la réprimande ; 2° l'ordre du jour ; 3° la retenue du traitement pendant un temps déterminé ; 4° les privations de grades pour les sous-brigadiers ou brigadiers ; 5° la révocation.

Tout gardien de la paix puni doit se soumettre immédiatement à sa punition sans aucun murmure ; s'il croit être puni injustement ou arbitrairement, la réclamation lui est permise, mais il doit la faire hiérarchiquement ; toutefois, dans le cas de déni de justice, il peut s'adresser directement à M. le chef de la police municipale. Toute réclamation contre une punition qui n'est pas reconnue fondée en principe et en droit, entraîne une augmentation de punition. Dans aucun cas, les réclamations ne peuvent être collectives : toute réclamation de cette nature serait considérée comme une infraction grave aux règles de la discipline et entraînerait une sévère répression.

FAUX

I. Faux en écritures. — Le faux en écriture est une altération de la vérité faite dans une écriture avec intention et possibilité de nuire à autrui. Tous les faux en écritures se commettent soit par contrefaçon ou altération d'écritures, soit par fabrication de conventions ou par leur insertion après coup dans les actes, soit par addition ou altération de clauses qu'ils avaient pour objet de constater. La loi punit le faux en écriture, qu'il ait été commis en écriture privée, en écriture commerciale ou en écriture publique ; elle punit également l'usage de pièces falsifiées lorsqu'il a été fait avec connaissance de la fausseté de ces pièces (crimes).

Arrêter le coupable quand il y a réquisition sur la voie publique.

II. Faux divers. — Les faux commis dans les passe-ports, dans les permis de chasse, dans les feuilles de route, et dans les certificats de maladie, d'indigence et de bonne conduite sont punis par la loi (délit; crime toutes les fois que les certificats contiennent obligation ou décharge et qu'il peut en résulter un préjudice à des tiers).

Arrêter les individus porteurs de passeports, permis de chasse, feuilles de route ou certificats argués de faux.

Voy. Monnaies.

FENÊTRES

Elles ne peuvent ouvrir en dehors qu'avec l'autorisation du préfet de police (contravention).

Toute infraction à cette disposition doit être signalée au commissaire de police.

FÊTES PUBLIQUES

On ne peut donner une fête publique sans autorisation de M. le préfet de police (contravention).

Signaler au commissaire de police les fêtes publiques non autorisées.

FEUX DE PAILLE

Il est défendu de brûler de la paille et autres matières inflammables sur la voie publique (contravention).

Il faut, tout en recherchant les auteurs de la contravention, pour les mettre à la disposition du commissaire de police, prendre toutes les mesures nécessaires dans le but d'éteindre le feu; lorsque les investigations faites pour trouver le contrevenant n'ont abouti à aucun résultat, un rapport doit être adressé au commissaire de police.

Voy. Abattoirs.

FILOUTERIES ET LARCINS

Les filouteries et larcins sont des vols exécutés, soit par adresse, soit furtivement. La loi range parmi les filouteries le fait d'un individu qui, sachant qu'il est dans l'impossibilité absolue de payer, se fait servir des aliments ou des boissons dans un établissement public et les consomme en tout ou en partie (délits).

Arrêter les délinquants.

FLAGRANT DÉLIT

Il y a flagrant délit lorsque le crime ou le délit se commet actuellement, lorsqu'il vient de se commettre, lorsque le prévenu est poursuivi par la clameur publique, lorsque, dans un temps voisin du crime ou délit, le prévenu est trouvé nanti d'instruments, d'armes, d'effets ou de papiers faisant présumer qu'il est auteur ou complice.

Arrêter toute personne surprise en flagrant délit de crime ou de délit.

Voy. Arrestations.

FONTAINES PUBLIQUES

Le stationnement de voitures et de chevaux, les dépôts de baquets, vases et objets semblables sont formellement interdits aux abords des fontaines publiques et des bornes-fontaines. Il est défendu d'y laver du linge, des légumes ou tout autre objet et d'y abreuver des animaux. Les particuliers ont le droit de puiser aux fontaines publiques avant les porteurs d'eau à bretelles; quant aux bornes-fontaines, il est interdit d'y prendre de l'eau pour la vendre ou pour l'employer à des usages industriels : le puisage pour les besoins domestiques est seul autorisé (contraventions).

Se conformer aux instructions données au mot contraventions.

Voy. Affiches.

FORTS ET PORTEURS DE MARCHÉS

I. Forts. — Les forts doivent avoir une permission et une plaque. Ils peuvent seuls enlever des marchandises à l'intérieur des halles pour les livrer aux porteurs ou gardiens désignés par les acheteurs. Il est défendu aux forts de la halle aux beurres d'effectuer le transport et la livraison des marchandises à domicile.

II. Porteurs aux halles et marchés. — Les travaux relatifs aux livraisons des marchandises vendues dans les halles et marchés, à l'exception de ceux réservés aux forts et de ceux que les acquéreurs entendent effectuer par eux-mêmes ou par gens à gages, peuvent être faits par des porteurs autorisés. Ces porteurs ont une permission et une médaille ; les hottes, les mannes ou crochets dont ils font usage doivent avoir, à la partie supérieure, une plaque en métal peinte en blanc indiquant le numéro de la médaille (contraventions).

Mettre à la disposition du commissaire de police les forts ou porteurs non autorisés.

FOUETS

Tout conducteur de voitures ou de chevaux ne peut employer que des fouets montés en cravache. Les fouets des conducteurs des voitures publiques et des voitures de roulage doivent se terminer par une lanière sans mèche. La dimension des fouets est fixée, au maximum, ainsi qu'il suit :

Pour les voitures à plus de deux chevaux et conduites à grandes guides : longueur du manche, 1 m. 80 c., longueur de la monture, 2 m. 20 c. — Pour les voitures de place et de remise : longueur du manche, 1 m. 30 ; longueur de la monture, 1 m. 25 c. — Pour les omnibus, les voitures spéciales de chemins de fer, les voitures de messageries, attelées de deux chevaux et pour les voitures de roulage conduites en guides et attelées d'un ou deux chevaux : longueur du manche, 1 m. 60 c. ; longueur de la monture, 1 m. 45 c. — Pour les charretiers et autres conduisant à pied, quel que soit le nombre de chevaux : longueur du manche, 1 m. 80 c., longueur de la monture 0 m. 60 c. — Pour les voitures bourgeoises : longueur du manche, 1 m.

30 c.; longueur de la monture, 1 mètre; longueur de la mèche, 0 m. 25 c. (contraventions).

Se conformer aux instructions données au mot contraventions.

FOUILLES ET TRANCHÉES

Aucune fouille ni tranchée ne peut être pratiquée dans le sol de la voie publique sans autorisation du Préfet de police, et avant qu'il en ait été donné avis au commissaire de police du quartier. Il suffit de prévenir le commissaire de police pour les travaux d'établissement, de renouvellement ou de réparation de conduites d'eau ou de gaz dont la durée ne doit pas excéder quarante-huit heures. Les entrepreneurs doivent prendre des dispositions convenables pour que moitié au moins de la largeur des rues où ils travaillent soit réservée à la circulation, et qu'il ne puisse arriver d'accident. Les terres provenant des fouilles doivent être retenues avec des plats-bords, de manière qu'elles ne puissent se répandre ni sur les trottoirs ni sur le pavé réservés à la circulation des piétons, et que l'écoulement des eaux reste toujours libre. Lorsqu'on découvre des berceaux de caves, des fosses, des puits ou des égouts abandonnés, on doit le déclarer à la préfecture de police. Les résidus susceptibles de compromettre la salubrité publique doivent être enlevés et transportés aux voiries dans des voitures couvertes. On doit remblayer, autant que faire se peut, au fur et à mesure de l'exécution des ouvrages. Les terres qui ne peuvent être employées dans les remblais doivent être enlevées immédiatement après le blocage du sol, et les entrepreneurs sont obligés de pourvoir au raccordement du pavé dans les quarante-huit heures de l'achèvement des travaux de pose ou de réparation des conduites (contraventions).

Signaler toute infraction au commissaire de police.

Voy. Conduites d'eau et de gaz.

FOURRIÈRE

La fourrière de la préfecture de police est un lieu de dépôt où sont reçus, à toute heure, les animaux, les voitures et les objets saisis ou abandonnés sur la voie publique.

Les gardiens de la paix doivent, lorsque le commissariat de police est fermé, faire conduire à la fourrière, par un commissionnaire, indépendamment des animaux abandonnés ou des chevaux atteints de maladies ou d'infirmités, les voitures sans plaque ou portant une plaque illisible ou fausse; les voitures de place ou de remise non numérotées, ni estampillées, ou portant de faux numéros ou de fausses estampilles; celles qui ne sont pas en bon état de service et de propreté. Ils peuvent également avoir recours à la fourrière lorsqu'un cocher n'a pas l'uniforme ou les papiers réglementaires, lorsqu'il refuse de marcher, racole les passants, ou fait exécuter à sa voiture un va-et-vient constituant la maraude, enfin lorsqu'une voiture de place ou de remise est conduite par un apprenti cocher. Pour les autres infractions aux règlements, ils ne doivent user de cette mesure administrative que lorsqu'il y a nécessité.

A la fourrière, on n'admet les animaux et les voitures que sur un ordre d'envoi ainsi formulé :

M. le Contrôleur de la Fourrière est invité à recevoir et à conserver jusqu'à nouvel ordre :

Une voiture (*la désigner*), portant une plaque au nom de..... **ou** sans plaque **ou** portant le numéro..... **ou** sans numéro, attelée de (*désigner les animaux*), appartenant au sieur (*nom, profession, demeure*), enlevée d'office aujourd'hui, à..... heures du..... au nommé (*nom, profession, domicile*), pour (*indiquer le motif*), **ou bien** trouvée abandonnée sur la voie publique aujourd'hui, à..... heures du..... rue... en face le n°..... et dont le propriétaire est inconnu.

Un (*désigner l'espèce et le poil de l'animal*), appartenant

au sieur (*nom, profession, demeure*), enlevé d'office aujour-
d'hui, à..... heures du..... au nommé (*nom, profession,
demeure*), pour (*indiquer le motif*), **ou** trouvé abandonné
aujourd'hui à..... heures du..... sur la voie publique.....
rue..... devant le n°..... et dont le propriétaire est inconnu.

Il est alloué au nommé..... commissionnaire médaillé
sous le n°....., demeurant..... rue..... n°....., la somme
de..... pour frais de conduite.

Le gardien de la paix,
(Signature).

FRAUDES

La loi punit ceux qui introduisent dans Paris ou tentent d'introduire des objets soumis aux droits d'entrée,
avec voitures particulières ou publiques ou à l'aide d'instruments spéciaux. La fraude par escalade, par souterrain ou à main armée est également punie (délits).

Mettre les fraudeurs à la disposition du commissaire de police avec leurs marchandises. Conduire
également devant ce magistrat les personnes à
pied ou en voiture qui se refusent à la visite des
préposés de l'octroi.

Voy. Allumettes, Cartes à jouer, Tabacs.

FUMIERS

Il est défendu de déposer des fumiers sur la voie publique ou d'en jeter à la rivière, sur les berges, parapets,
cordons ou corniches des ponts. Les voitures de fumiers
doivent être chargées de manière que rien ne puisse se
répandre sur la voie publique. Une permission est nécessaire pour le fumier-litière placé devant des maisons
afin d'éviter le bruit des voitures; dans ce cas, la paille
doit être renouvelée tous les trois jours (contraventions).

Faire un rapport à l'officier de paix ou au commissaire de police, selon le cas, et se conformer
aux instructions données au mot contraventions.

GLACES ET NEIGES

Les propriétaires et boutiquiers doivent casser les glaces et relever les neiges, gratter et nettoyer les trottoirs et parties de la voie publique correspondantes et jeter des cendres ou du sable devant les habitations. Les glaces et neiges provenant de l'intérieur des maisons ne peuvent être déposées dans les rues. Il est défendu d'établir des glissades sur la voie publique, de passer sur la Seine et les canaux en temps de glace, de s'y promener et d'y glisser ou patiner (contraventions).

Se conformer aux instructions données au mot contraventions.

GLANAGE

Il est défendu de glaner, râteler ou grappiller dans les champs non dépouillés de leurs récoltes ou pendant la nuit (contravention).

Mettre les contrevenants à la disposition du commissaire de police.

HALLES

Voy. Marchés publics.

HOMICIDES, BLESSURES ET COUPS INVOLONTAIRES

L'homicide commis, les blessures faites et les coups portés involontairement par l'effet de circonstances fortuites qu'aucune faute n'a produites, ne sont passibles d'aucune peine ; mais s'ils ont été le résultat d'une maladresse, d'une imprudence, d'une inattention, d'une négligence, enfin, d'une faute quelconque, une peine est appliquée (délits).

Le coupable doit être arrêté à moins que le fait qui lui est reproché soit sans gravité. Dans ce cas, il suffit de prendre note des nom, prénoms, profession et domicile des parties et des témoins pour faire un rapport au commissaire de police.

IMMONDICES

Il est défendu de jeter des immondices sur les porsonnes, contre les maisons ou dans les jardins (contra-ventions).

Faire un rapport à l'officier de paix.

INCENDIES

Tout incendie doit être signalé aux postes de pompiers les plus voisins, au commissaire de police et à l'officier de paix. Les gardiens de la paix, dans cette circonstance, doivent requérir avec discernement l'intervention de gens utiles afin d'organiser les chaînes, faire ouvrir les portes pour puiser de l'eau partout, veiller au maintien de l'ordre et empêcher les vols. Ils doivent aussi rechercher tous renseignements de nature à faire connaître les causes de l'incendie, l'évaluation présumée des pertes, et la Compagnie à laquelle les objets incendiés sont assurés; prendre les noms des parties intéressées, des porteurs d'eau arrivés les premiers, des personnes blessées ou qui se sont fait remarquer par leur zèle et leur dévouement, et rédiger ensuite un rapport circonstancié. Pour de simples feux de cheminées et autres qui ne donneraient aucune crainte sur leurs suites, on se borne, sur l'avis des sapeurs-pompiers qu'on a appelés, aux précautions d'ordre, et il suffit, après avoir relevé les noms du locataire et du propriétaire, d'informer le commissaire de police par un rapport.

INFANTICIDE

L'Infanticide est le meurtre d'un enfant nouveau-né. L'enfant est réputé nouveau-né tant que les délais pour déclarer sa naissance ne sont pas expirés (crime).

Arrêter toute personne coupable d'infanticide.

INFRACTIONS

La loi divise les faits punissables suivant la nature des peines qu'elle prononce : l'infraction punie de peines de police est une contravention ; celle punie de peines correctionnelles est un délit et celle punie d'une peine afflictive et infamante ou simplement infamante est un crime.

INSOUMIS

Sont considérés comme insoumis les engagés volontaires et les hommes appelés par la loi qui n'ayant pas déjà servi, ne sont pas rendus à leur destination dans le mois qui suit le jour fixé par leur ordre de route, hors le cas de force majeure.

Les arrêter et les mettre à la disposition du commissaire de police.

IVRESSE

La loi punit ceux qui sont trouvés en état d'ivresse manifeste dans les rues, chemins, places, cafés, cabarets ou autres lieux publics. On entend par ivresse manifeste l'ivresse qui produit un scandale public par sa seule vue (contravention ; délit en cas de nouvelle récidive).

Les gens ivres doivent être arrêtés toutes les fois qu'ils troublent la tranquillité ou que leur état compromet leur sûreté ; on doit, en les conduisant au poste, employer beaucoup de douceur afin de ne pas les exposer à commettre des actes d'outrages et de rébellion.

Sont également punissables les cafetiers, cabaretiers et autres débitants qui donnent à boire à des personnes manifestement ivres, qui les reçoivent dans leurs établissements ou qui servent des liqueurs alcooliques à des mineurs âgés de moins de 16 ans accomplis (contravention ; délit, en cas de nouvelle récidive).

Prendre tous renseignements utiles pour faire un rapport au commissaire de police et à l'officier de paix.

Voici un modèle de rapport pour le cas où une personne est arrêtée pour ivresse :

Paris, le..... 18.....

M. le Commandant du poste de..... est requis de faire mettre au violon, etc. (voir ordre de consigne).

Un individu que j'ai trouvé en état d'ivresse manifeste aujourd'hui à..... heures du..... sur la voie publique, rue..... devant le n°.....

Cet homme occasionnait par ses paroles et ses gestes un véritable scandale (*fournir ensuite tous autres renseignements*).

Extrait du violon à..... heures du....., il a dit être le nommé (*nom, prénoms, âge, profession et demeure*).

Le gardien de la paix
(*signature*).

JALOUSIES

Elles ne peuvent être posées en saillie sans permission du Préfet de police ou à plus de saillie que l'épaisseur de la planche du pavillon (contravention).

Faire un rapport au commissaire de police.

JETS

Il est défendu de jeter au-devant des maisons des choses dont la chute ou les exhalaisons insalubres peuvent nuire (contravention).

Se conformer aux instructions données au mot contraventions.

Voy. Immondices, Projections, Constructions et Réparations.

JEUX

I **Maisons de jeux.** — La loi punit ceux qui tiennent une maison de jeux de hasard et ceux qui établissent ou tiennent des loteries non autorisées par la loi (délit).

Surveiller et signaler au commissaire de police les établissements réputés maisons de jeux.

II. **Jeux de hasard.** — Sont également punissables

ceux qui établissent ou tiennent dans les rues ou lieux publics des jeux de loterie ou d'autres jeux de hasard (contravention).

Arrêter les teneurs de jeux ou de loteries, et saisir les fonds et ustensiles; rechercher en même temps les personnes escroquées et les témoins.

III. Jeux d'adresse ou autres. — Les jeux de palets, de tonneaux, de siam, de quilles, de volants, de toupies, sabots, bâtonnets, cerfs-volants et tous autres susceptibles de gêner la circulation et d'occasionner des accidents sont interdits sur la voie publique (contravention).

Se conformer aux instructions données au mot contraventions.

Voy. Loteries.

JOURNAUX

On ne peut colporter ou distribuer des journaux et écrits périodiques sur la voie publique sans être porteur d'un récépissé attestant qu'on a fait à la préfecture de police la déclaration prescrite par la loi. Les colporteurs ou distributeurs doivent porter leurs journaux à la main ou sur des éventaires de petite dimension, sans employer aucune voiture, même à bras. Il leur est interdit de gêner la circulation. Ils ne peuvent, sans autorisation spéciale de l'autorité, stationner sur la voie publique (contraventions).

Faire un rapport à l'officier de paix, en se conformant aux instructions données au mot contraventions.

KIOSQUES

On ne peut, sans l'approbation du Préfet de police, établir des kiosques sur la voie publique pour la vente des journaux et l'affichage (contravention).

Signaler au commissaire de police les kiosques non autorisés.

LANTERNES ET RÉFLECTEURS

Les lanternes doivent être accrochées aux poteaux

par des crochets en fer ou supportées par des tringles en fer contenues dans des coulisses et arrêtées avec serrures ou cadenas. Il faut qu'elles aient au moins 3 mètres d'élévation au dessus du sol. Si elles excèdent 16 centimètres de saillie, elles ne peuvent être mises en place que le soir. Quant aux réflecteurs destinés à éclairer les devantures de boutiques, ils doivent avoir au moins 2 mètres d'élévation et ne peuvent être placés que pendant l'allumage (contraventions).

Faire un rapport au commissaire de police en cas d'infraction.

LÉGION D'HONNEUR

La croix de la Légion d'honneur ne peut, dans aucun cas, figurer sur des produits, ni être exposée dans les vitrines des magasins, sur les voitures, les affiches, etc. comme moyen de réclame ou de publicité. Il est seulement permis aux industriels décorés de reproduire l'image de la croix elle-même sur les factures et papiers de commerce, mais à la condition que le négociant décoré soit seul en nom et que la croix ou la qualité de membre de la Légion d'honneur ne soient point accolées à une raison sociale. Ces prescriptions s'appliquent également aux décorations étrangères conférées par des souverains ou chefs d'état. C'est ce qui résulte d'une note de la Grande Chancellerie.

Signaler au commissaire de police les industriels décorés qui ne se soumettent pas à ces prescriptions.

Il est défendu aux saltimbanques de paraître sur les tréteaux avec des décorations officielles.

Faire un rapport au commissaire de police.

Voy. Usurpation de fonctions ou titres.

LIEUX PUBLICS

A moins de permission spéciale du Préfet de police ou du commissaire de police, les cabarets, cafés, estaminets, billards, guinguettes et autres lieux publics ne peuvent être ouverts avant 4 heures du matin, du 1er mars au 31 octobre, ou avant 5 heures, du 1er novembre au 1er mars, et ils doivent être fermés à deux heures du matin (contraventions).

Faire un rapport à l'officier de paix s'il n'existe aucune autorisation écrite. Lorsque c'est un débit de boissons qui est ouvert après l'heure réglementaire, les gardiens de la paix doivent constater le nombre de consommateurs; ils ne peuvent les expulser, à moins d'être requis à cet effet par le maître de l'établissement; si celui-ci refuse d'ouvrir, on a soin, dans le rapport qui est dressé, de mentionner son refus d'ouverture et toutes les circonstances qui ont fait connaître qu'il était bien réellement en contravention.

Voy. Domicile.

LOTERIES

Les loteries de toute espèce sont prohibées. Sont réputées loteries et interdites comme telles : les ventes d'immeubles, de meubles ou de marchandises effectuées par la voie du sort, ou auxquelles auraient été réunies des primes ou autres bénéfices dus au hasard, et généralement toutes opérations offertes au public pour faire naître l'espérance d'un gain qui serait acquis par la voie du sort. Les loteries d'objets mobiliers dont le produit est destiné à des actes de bienfaisance sont seules exceptées de cette prohibition, lorsqu'elles ont été autorisées par le Préfet de police (délit).

Communiquer au commissaire de police tous les renseignements qui peuvent être recueillis relativement aux loteries non autorisées.

Voy. Jeux.

1. Aux abords des halles (périmètre formé par le boulevard de Sébastopol et les rues Tiquetonne, Jean-Jacques Rousseau, Saint-Honoré, du Louvre et de Rivoli) les débitants sont autorisés à conserver ouverte toute la nuit, une salle sur le devant, au rez-de-chaussée, à la condition d'interdire toute espèce de jeux après 2 heures du matin. Les établissements des passages ou impasses ne peuvent rester ouverts après l'heure de la fermeture des grilles. A l'occasion de certaines fêtes, les lieux publics restent ouverts toute la nuit : des instructions sont données à cet égard.

MAIN-FORTE

On entend par main-forte l'action de prêter aide et assistance aux fonctionnaires qui ont le droit d'agir.

Dans ce cas, les gardiens de la paix ne dressent pas de rapport spécial ; ils signent, s'il y a lieu, celui qui est fait par les agents qui ont opéré et en rendent compte à leurs chefs.

MAISONS DE PRÊT SUR GAGES

La loi punit tout établissement d'une maison de prêt sur gages sans autorisation (délit).

Signaler au commissaire de police les prêteurs sur gages non autorisés.

MALADES SUR LA VOIE PUBLIQUE

La personne qui tombe sans connaissance sur la voie publique doit être transportée dans une pharmacie ou dans un poste. Lorsque la crise n'a pas de gravité, il suffit de prendre note de son nom et de sa demeure pour faire un rapport. Si la maladie se prolonge, on appelle un médecin et on prévient le commissaire de police.

Voy. Accidents.

MALADIES

Les gardiens de la paix qui, par maladie, se trouveraient hors d'état de faire leur service, sont tenus d'en donner avis immédiatement à leur officier de paix. Cet avis est transmis à M. le chef de la police municipale, qui en informe le médecin en chef, et celui-ci prévient le médecin de l'arrondissement où demeure le malade. Les agents qui, pour cause de maladie, ont cessé leur service, doivent garder la chambre, à moins qu'ils ne soient autorisés à sortir par le médecin en chef. Dans ce cas, l'auto-

-isation indique les heures de sortie. Ils doivent
reprendre leur service au jour indiqué par le mé-
lecin, et dans le cas où ils voudraient le reprendre
avant le jour fixé, ils doivent l'en prévenir.

MARAUDAGE

La loi punit ceux qui cueillent ou mangent sur le lieu
même, des fruits appartenant à autrui (contravention).
S'il y a eu enlèvement de fruits dans un panier ou dans un
sac, c'est un vol (délit).

Mettre les maraudeurs à la disposition du commissaire de police.

MARBRIERS

Il est défendu aux marbriers ou autres industriels
d'offrir leurs services soit aux abords des mairies, soit aux
approches des églises et des cimetières (contravention).

Se conformer aux instructions données au mot
contraventions.

MARCHANDS AMBULANTS

On ne peut, sans autorisation du Préfet de police,
stationner ou circuler sur la voie publique, en quête
d'acheteurs, avec des marchandises ou denrées de
quelque nature que ce soit. Les marchands ambulants
permissionnés doivent toujours porter leur médaille
d'une manière ostensible et faire usage, à moins que leur
industrie ne comporte pas l'emploi de ces voitures, de
charrettes à bras avec plaque et ayant les dimensions
suivantes : longueur de la cage, 1ᵐ, 50 cent. ; largeur 1ᵐ,
longueur du brancard 1ᵐ. Ils ne peuvent vendre que des
comestibles, tels que fruits, légumes frais, œufs, beurre,
fromages, salines, huîtres, poisson de mer, viande de
boucherie, porc frais, et autres menues denrées, ainsi
que des fleurs coupées et des récoltes à brûler. Il leur est
défendu de circuler après minuit, de s'arrêter aux abords
des marchés ou devant les boutiques où se trouvent des
marchandises de même nature que les leurs, de stationner
sans nécessité, de gêner la circulation lorsqu'ils s'arrê-

tent pour leurs opérations, de faire usage de cors, clairons, tambours, crécelles et autres instruments et de prêter leur médaille et leur permission. Les marchands ambulants autorisés pour l'ancien Paris, ne peuvent exercer leur profession au-delà des boulevards extérieurs et ceux du nouveau Paris ne peuvent vendre qu'entre ces boulevards et les fortifications (contraventions).

Arrêter tous les marchands sans permission et saisir leurs voiture et appareils, ainsi que leurs marchandises. Ne conduire au commissariat les marchands permissionnés que pour des faits graves; en cas de simple contravention, faire un rapport à l'officier de paix.

Voy. Patentes.

MARCHÉS PUBLICS

I. Conditions d'existence des marchés. — Tout marché qui n'est pas régulièrement constitué en vertu d'un acte de concession municipale est considéré comme un marché interlope.

II. Tenue des places. — Pour occuper un emplacement dans un marché, il faut une autorisation émanant de l'autorité municipale ou une concession accordée par l'adjudicataire. Les titulaires de places fixes sont tenus d'apposer à leur place une plaque indicative de leur nom et de leur numéro d'ordre, et ceux des places banales, une plaque indiquant leur nom et leur domicile. Aucune enseigne ne peut être exposée. Il est défendu de vendre en dehors des heures réglementaires, d'introduire des chiens, de disposer les étalages en saillie, de déposer quoi que ce soit dans les voies de circulation et de laver du linge ou des objets dans les bassins des fontaines.

III. Salubrité. — Il est interdit de jeter dans les passages réservés pour la circulation ou de laisser séjourner dans les places des débris et résidus. Les déchets, immondices et fumiers doivent être enlevés pour que les places soient dans un état constant de propreté.

IV. Circulation à l'intérieur et à l'extérieur. — Les encombrements et les dépôts sur le sol sont interdits.

On ne peut traverser les marchés avec des fardeaux malpropres ou embarrassants. L'entrée est interdite aux musiciens, chanteurs, saltimbanques et distributeurs d'imprimés. Pour y vendre des menues denrées, il faut une permisson spéciale aux conditions de laquelle les titulaires doivent se conformer. Défense est faite aux marchands ambulants de stationner aux abords des marchés et de se mettre en quête d'acheteurs dans une zone de 100 mètres. Aucun industriel ou marchand quelconque ne peut s'installer sur la voie publique traversant ou bordant les marchés.

V. Mesures d'ordre public. — Il est défendu de troubler l'ordre par des rixes, querelles, tapages, cris, chants ou jeux quelconques. Les marchands ne doivent ni stationner dans les passages réservés à la circulation, ni annoncer par des cris la nature et le prix des articles de vente, ni racoler les passants. Il est interdit de fumer ou d'allumer des feux et fourneaux dans les marchés. Les enfants ne peuvent y jouer. La vente des boissons y est interdite.

VI. Dépôts aux abords. — Le dépôt des hottes, mannes, paniers et denrées est interdit sur tous les points de la voie publique autres que ceux fixés par l'autorité; ces places doivent être évacuées aux heures réglementaires.

VII. Stationnements des voitures et bêtes. — Les voitures, bêtes de trait ou de somme doivent être conduites aussitôt après leur déchargement, soit dans les auberges, soit sur les places désignées à cet effet ; leur stationnement sur tout autre point de la voie publique est interdit. Lors du désapprovisionnement, les voitures ne peuvent être amenées aux places de vente ou de dépôt des denrées pour y être chargées : les colis doivent y être portés à bras ou à dos. Les gens employés par les aubergistes pour conduire les voitures, bêtes de trait ou de somme aux lieux de remisage sont tenus de porter, au bras gauche, la plaque réglementaire, et ne peuvent se livrer au racolage des voitures. De minuit à 7 heures, du 1er avril au 30 septembre, et 8 heures, du 1er octobre au 31 mars, un seul conducteur peut conduire aux lieux de stationnement ou de remisage jusqu'à 3 voitures ou 4 bêtes de somme à la fois, mais en dehors de ces heures, chaque voiture ou chaque bête doit être conduite séparément. Les places de stationnement doivent être évacuées entièrement aux heures réglementaires (contraventions).

Se conformer aux instructions données au mo contraventions.

MARCHES

Il est défendu d'établir des marches en saillie sur les trottoirs. Celles que l'Administration a dû tolérer doivent être taillées en pans coupés ou avoir les angles arrondis (contraventions).

En cas d'infraction, faire un rapport au commissaire de police.

MÉDECINS

On ne peut, sans diplôme, exercer la médecine ou la chirurgie ou pratiquer l'art des accouchements (contravention correctionnelle).

Signaler au commissaire de police ceux qui contreviennent à ces dispositions.

Voy. Accouchements, Appareils électriques et Service médical de nuit.

MÉDICAMENTS, REMÈDES SECRETS ET SUBSTANCES VÉNÉNEUSES

Il est défendu de vendre sur la voie publique des médicaments, des remèdes ou des substances vénéneuses : les pharmaciens légalement établis ont seuls le droit de faire, au détail, le commerce des drogues (contravention correc tionnelle ou délit selon le cas).

Mettre à la disposition du commissaire de police les charlatans qui contreviennent à ces dispositions; signaler à ce fonctionnaire les commerçants autres que les pharmaciens, qui vendent des remèdes.

MENACES

Les menaces, *par écrit*, de mort et d'incendie sont toujours punies, qu'elles soient faites avec ordre et sous condition ou sans ordre ni condition ; les menaces *verbales* des mêmes attentats ne sont punies que lorsqu'elles sont faites avec ordre ou sous condition ; il en est de même des menaces *par écrit* et *verbales* de voies de fait ou violences : il faut, pour qu'une peine soit appliquée, qu'elles soient faites avec ordre ou sous condition (délits).

Arrêter quand il y a réquisition sur la voie publique.

MENDICITÉ

La mendicité est toujours punie à Paris (délit et quelquefois crime).

Arrêter toute personne qui reçoit ou demande l'aumône ; arrêter également ceux qui offrent en vente des choses invendables pour déguiser la mendicité. Indiquer dans les ordres de consigne si les mendiants arrêtés sont entrés dans les maisons sans permission, s'ils ont simulé des plaies ou infirmités, s'ils ont mendié en réunion, à moins que ce ne soit le mari et la femme, le père ou la mère et leurs jeunes enfants, l'aveugle et son conducteur, s'ils étaient travestis ou nantis d'armes, de limes, crochets ou autres instruments, s'ils étaient porteurs d'un ou de plusieurs effets d'une valeur supérieure à 100 francs ou de faux papiers, s'ils ont usé de menaces, et s'ils ont exercé ou tenté d'exercer quelque acte de violence envers les personnes.

MEURTRE

Le meurtre est l'homicide commis volontairement (crime).

Arrêter le coupable.
Voy. Assassinat.

MILITAIRES

Les militaires arrêtés par les gardiens de la paix, pour quelque motif que ce soit, doivent être conduits devant le commissaire de police, et, si le bureau de ce fonctionnaire est fermé, au poste de police. Dans ce cas, il est prescrit au chef de poste de diriger immédiatement sur la caserne la plus voisine, pour qu'ils soient conduits par une escorte à l'état-major de la place, les soldats qui n'ont commis qu'un délit purement militaire ou une infraction à la discipline, soit par leur état d'ivresse, soit par leur absence du corps sans permission après l'appel, et les déserteurs ou insoumis arrêtés sur un mandat de l'autorité militaire. Le rapport qui accompagne ces militaires doit énoncer sommairement le motif de leur arrestation et indiquer le numéro sous lequel ils sont immatriculés. Il est bien entendu que les soldats ivres ne peuvent être l'objet de cette mesure que lorsqu'ils sont dégrisés. Si les militaires amenés au poste sont des déserteurs ou des insoumis arrêtés d'après des notes signalétiques de la préfecture de police ou des soldats inculpés de crimes ou de délits commis de connexité avec des individus de la classe civile, ou de délits qui ne sont pas purement militaires, c'est-à-dire de délits de droit commun, le chef de poste doit les consigner, pour l'information, à la disposition du commissaire de police. Ces prescriptions s'appliquent à tous les soldats et marins en activité de service, en disponibilité ou en congé, quel que soit leur grade. Lorsque c'est un officier qui a été arrêté, il faut prévenir immédiatement l'officier de paix. Nous devons rappeler aussi que les militaires appartenant à la garnison ou de passage à Paris ne peuvent être admis dans les postes, la nuit, à titre d'hospitalité : le chef de poste doit les faire diriger sur l'état-major de la place, en procédant comme nous l'avons indiqué plus haut.

MINEURS

La loi punit : 1° Celui qui enlève des mineurs par fraude ou violence (crime) ; 2° Quiconque abuse des passions des mineurs pour leur faire souscrire des obligations onéreuses (délit).

Arrêter l'inculpé lorsqu'il y a réquisition sur la voie publique de la part des personnes qui ont le droit de porter plainte.

MŒURS

La loi punit toute exposition ou distribution de chansons, pamphlets, figures ou images contraires aux bonnes mœurs (délit).

Signaler au commissaire de police les écrits ou gravures obscènes exposés ; arrêter ceux qui en vendent ou en distribuent.

MONNAIES

La loi punit : 1° La contrefaçon ou l'altération des monnaies françaises et étrangères, et la participation à leur émission (crime) ; 2° la simple coloration de monnaie d'argent ou de cuivre dans le but de tromper sur la nature du métal et la participation à l'émission de cette monnaie (délit).

Signaler au commissaire de police les individus soupçonnés de fabriquer des pièces de monnaie fausses ou de participer à leur émission.

Sont également punissables : 1° Ceux qui, ayant reçu pour bonnes des pièces de monnaie fausses, les mettent en circulation après en avoir reconnu les vices (contravention correctionnelle).

Conduire devant le commissaire de police toute personne qui met en circulation une pièce de monnaie fausse et saisir cette pièce. Si le commissariat est fermé, on ne retient cette personne au poste que lorsqu'elle ne justifie pas de son identité et de son domicile.

2° Ceux qui refusent, pour la valeur selon laquelle elles ont cours, les espèces et monnaies non fausses ni altérées [1] (contravention).

Faire un rapport au commissaire de police si le contrevenant est établi ; à l'officier de paix, si le contrevenant est passager.

MORT SUBITE

En cas de mort subite sur la voie publique ou dans une maison, on prévient de suite le commissaire de police. Si quelque circonstance ne rend pas nécessaire d'attendre les ordres de ce fonctionnaire, on peut, afin d'éviter un rassemblement, retirer le cadavre de la voie publique et le déposer dans le lieu le plus propice pour les constatations.

NOTORIÉTÉ PUBLIQUE

La notoriété publique n'est qu'une rumeur ou un bruit qui se répand quelque temps après la consommation d'un crime ou d'un délit, et qui doit exciter l'attention des gardiens de la paix.

Recueillir le plus de renseignements possible et faire un rapport au commissaire de police.

1. La monnaie de cuivre et de billon de fabrication française ne peut être employée dans les paiements, si ce n'est de gré à gré, que pour l'appoint de la pièce de 5 francs.

NOYÉS

On doit signaler de suite au commissaire de police la découverte d'un noyé. S'il reste quelque doute sur la mort, on le fait transporter, avec tous les ménagements possibles, dans une pharmacie ou dans un poste, et on lui prodigue les secours nécessaires. S'il y a mort certaine, on dépose le cadavre dans le lieu le plus propice pour les constatations.

Voy. Cadavre.

NUIT

Le temps de nuit est ainsi réglé : du 1er octobre au 31 mars, depuis six heures du soir jusqu'à six heures du matin, et du 1er avril au 30 septembre, depuis neuf heures du soir jusqu'à quatre heures du matin.

Voy. Domicile.

OBJETS TROUVÉS

Les objets de toute nature trouvés sur la voie publique, les monnaies, médailles, armes, objets d'art ou d'antiquité et tous autres effets retirés des fouilles doivent être déposés chez le commissaire de police [1].

Le gardien de la paix à qui on remet une épave quelconque fait connaître dans son rapport, avec les nom, prénoms, profession et domicile du déposant, le quartier, le point précis de la voie, le jour et l'heure où l'objet a été trouvé. Dans les rapports relatifs aux bijoux, il faut, pour les désigner, employer les termes suivants : « Paraissant être en or, paraissant être en argent, » ou toute autre expression impliquant une réserve propre à mettre à couvert la responsabilité de l'administration.

1. Celui qui garde un objet perdu ou réclamé commet un vol. — Voy. vol.

Voici un modèle de rapport :

Paris, le ..... 18...

J'ai l'honneur de mettre à la disposition de Monsieur le Commissaire de police du quartier de ..... un (*désigner l'objet*) qui m'a été remis aujourd'hui, à ..... heures du ..... par le sieur ..... (*nom, prénoms, âge, profession, demeure*), lequel a déclaré qu'il venait de le trouver sur la voie publique, rue..... devant le n° .....

Le gardien de la paix
(*Signature*).

OCCUPATION DE LA VOIE PUBLIQUE

On ne peut, sans permission du Préfet de police ou du commissaire de police, s'installer ou stationner, même momentanément, sur la voie publique, pour y exposer des marchandises en vente ou pour y exercer une industrie quelconque. Il faut également une autorisation du commissaire de police pour carder des matelas et battre de la laine ou du crin sur la voie publique. Il est interdit d'y battre ou pulvériser du plâtre ou d'y faire du mortier et tailler de la pierre. Il est également défendu aux scieurs de long, maréchaux-ferrants, charrons, layetiers-emballeurs, serruriers, tonneliers, étameurs et autres d'y travailler ; aux marchands épiciers, limonadiers et autres d'y brûler du café, et à tous marchands de friture, marrons, beignets, gaufres, etc., d'établir des fours portatifs ou des poêles, soit en saillie des devantures de boutiques ou des murs de face, soit sur la voie publique (contraventions).

Faire cesser la contravention et adresser un rapport au commissaire de police.

ORDRES DE CONSIGNE

Nous avons dit, lorsque nous avons parlé des arrestations, que les gardiens de la paix qui faisaient enfermer au violon un inculpé devaient laisser au chef de poste un ordre de consigne. Ce réquisitoire **peut être ainsi formulé :**

Paris, ro ..... 18...

M. le commandant du poste de ..... est requis de faire mettre au violon et d'y tenir consigné à la disposition de l......., commissaire de police du quartier ....., demeurant rue ....., n° ....., au bureau duquel il sera conduit ..... heures du .....

Le nommé (*nom, prénoms, âg'., lieu de naissance, profession et demeure*), arrêté à .... heures du ....., rue ....., avant le n° ....., en flagrant délit de (*indiquer l'infraction*), au préjudice du sieur (*nom, prénoms, âge, profession, demeure*).

Ou :

Le nommé (*nom, prénoms, âge, lieu de naissance, profession et demeure*), arrêté à ..... heures du ....., rue ....., avant le n° ....., sur la réquisition du sieur (*nom, prénoms, profession et demeure*), qui l'inculpe de (*indiquer l'infraction*).

Les témoins sont les sieurs (*faire connaître leurs nom, prénoms, âge, profession et demeure*).

(*Fournir ensuite tous renseignements utiles*).

Fouillé, l'inculpé a été trouvé porteur des objets suivants : 1°, 2°, 3° (*les détailler avec soin*).

Le gardien de la paix
(Signature).

Lorsqu'un inculpé ne répond pas aux questions qui lui sont faites, on écrit :

M. le commandant, etc. (*comme précédemment*).

Un individu qui a été arrêté à ..... heures du ....., rue ....., devant le n° ....., etc.

Cet inculpé n'a voulu fournir aucun renseignement sur son état civil.

On termine comme nous l'avons indiqué dans le modèle qui précède.

ORDURES

Les ordures ne peuvent être déposées sur la voie publique que le matin de cinq à six heures, du 1er avril jusqu'au 30 septembre, et de six à sept heures, du 1er octobre au 31 mars (contravention).

Faire un rapport au commissaire de police.

Voy. Travaux publics.

OSSEMENTS HUMAINS

Lorsque des débris humains sont trouvés dans des fouilles, on doit les faire recueillir soigneusement et en informer immédiatement le commissaire de police.

OUTRAGE PUBLIC A LA PUDEUR

Il consiste dans des faits impudiques qui ont pu être un sujet de scandale pour la pudeur de ceux qui en ont été les témoins (délit).

Arrêter toute personne qui commet sur la voie publique des actes indécents. Lorsque des actes impudiques exercés dans une maison ont été aperçus de la rue, il faut prendre tous renseignements utiles pour faire un rapport au commissaire de police.

Voy. Pédérastie.

OUTRAGES ET VIOLENCES

La loi punit les outrages par paroles, gestes ou menaces, ainsi que les violences et voies de fait envers les magistrats de l'ordre administratif ou judiciaire, les officiers ministériels ou agents dépositaires de la force publique, les citoyens chargés d'un ministère de service public et les commandants de la force publique. Sont également punissables les outrages commis publiquement, d'une manière quelconque, à l'occasion de leurs fonctions et de leur qualité, ainsi que les violences et voies de fait envers les membres du Sénat et de la Chambre des députés, les ministres des cultes reconnus, les jurés et les témoins (délits).

Arrêter les délinquants ; préciser, dans les ordres de consigne, les paroles, gestes, menaces ou violences dont les inculpés se sont rendus coupables.

PASSEPORTS

Les lois d'après lesquelles les agents de police ont le droit d'arrêter tout voyageur français ou étranger, dépourvu de passeport ou d'une pièce authentique qui en tienne lieu, n'ont pas été abrogées. Nous engageons, toutefois, les gardiens de la paix à n'user de cette mesure que lorsque le voyageur peut être considéré comme vagabond.

Voy. Faux.

PATENTES

Tout individu qui exerce sur la voie publique une profession ou une industrie non comprise dans les exceptions déterminées par la loi, doit être pourvu d'une patente payante ou d'indigent qu'il est tenu de représenter à toute réquisition des agents de l'autorité. Sont dispensés de patente les personnes qui vendent en ambulance, soit des fleurs, de l'amadou, des balais, des statues et figures en plâtre, soit des fruits, des légumes, du poisson, du beurre, des œufs, du fromage et autres menus comestibles; les savetiers, les chiffonniers au crochet, les porteurs d'eau à la bretelle ou avec voiture à bras, les rémouleurs et vitriers ambulants. Les étalagistes ambulants ou sédentaires et les brocanteurs ambulants qui sont munis d'un certificat authentique d'indigence n'ont pas besoin de justifier d'une patente ou d'un certificat d'exemption de patente; ces personnes, toutefois, cessent de jouir de cette faveur lorsqu'elles se servent de bêtes de somme ou de voitures attelées. Les marchands munis de patente ne peuvent vendre sur la voie publique sans une permission du Préfet de police (contraventions).

Mettre les colporteurs sans patente à la disposition du commissaire de police et saisir leurs marchandises ; arrêter surtout ceux qui vendent, sans patente, des couvertures, toiles, serviettes, mouchoirs et autres objets de lingerie.

Voy. Marchands ambulants.

PAVAGE

Les entrepreneurs du pavé sont tenus de prévenir, au moins 24 heures d'avance, le commissaire de police, pour commencer des travaux de pavage neuf ou de relevé à bout dans une rue. Ils ne peuvent s'approvisionner de matériaux que le jour du travail. Ils doivent ranger les pavés et le sable, séparer les ateliers par un intervalle de 15 mètres au moins, laisser aux voitures la moitié de la largeur de la rue et éclairer la nuit par des appliques. Aux abords des halles et marchés et des lieux fréquentés, on ne doit dépaver que ce qui peut se réparer dans la journée ; lorsqu'il a été levé plus de pavé qu'il n'en était besoin, il doit être bloqué. La voie publique doit être complètement débarrassée dans les 24 heures qui suivent l'achèvement des travaux. Il est défendu de troubler les paveurs dans leurs ateliers et d'arracher les appliques et les barrières établies pour la sûreté de leurs ouvrages (contraventions).

Signaler toute infraction au commissaire de police.

PÊCHE

On ne peut pêcher sur la rivière de Seine ou sur les canaux et autres cours d'eau, sans la permission de celui à qui le droit de pêche appartient, si ce n'est à la ligne flottante. Il est interdit de placer aucun barrage ou appareil ayant pour but d'empêcher entièrement le passage du poisson ; de jeter dans les eaux des drogues ou appâts ou de se servir d'engins prohibés, tels que filets traînants, lacets ou collets ; de pêcher, même à la ligne flottante, la nuit ou en temps de frai, c'est-à-dire, du 20 octobre au 30 janvier, pour le saumon, la truite et l'ombre-chevalier et, du 15 avril au 15 juin, pour tous les autres poissons et l'écrevisse ; enfin, de pêcher ou de colporter des poissons n'ayant pas les dimensions régle-

mentaires, à moins que ces poissons ne proviennent d'un
étang (délit ou contravention correctionnelle selon le
cas).

Prêter main-forte, en cas de réquisition, aux
gardes-pêche qui constatent ces infractions, confis-
quent les poissons et saisissent les engins.

PÉDÉRASTIE

La pédérastie est l'amour d'un homme pour un jeune
garçon ou des hommes entre eux. Cette passion hon-
teuse n'entraîne, par elle-même, aucune sanction pénale, mais, lorsque les actes sont accompagnés de circonstances constitutives d'outrage public à la pudeur
ou d'autres méfaits, une peine est appliquée (délit ou
crime selon le cas).

Arrêter les individus qui commettent sur la voie
publique des actes de pédérastie.

Voy. Outrage public à la pudeur.

PIÈCES D'ARTIFICE

Il est défendu de tirer des armes à feu, des pétards,
fusées et autres pièces d'artifice sur la voie publique ou
dans l'intérieur des maisons (contravention).

Empêcher ces amusements quand ils ont lieu sur
la voie publique et faire un rapport à l'officier de
paix ; adresser le rapport au commissaire de police
lorsque le fait s'est passé dans une maison.

On ne peut tirer un feu d'artifice sans permission du
commissaire de police. Les artificiers peuvent seuls vendre
et débiter des pièces quelconques d'artifice, même de la
plus petite dimension (contraventions).

Signaler toute infraction au commissaire de
police.

PLAINTE

On entend par plainte l'action de porter à la connaissance de l'autorité compétente tout fait qui nuit personnellement au plaignant.

Les gardiens de la paix ont-ils qualité pour recevoir une plainte ? Non. Ils doivent seulement recueillir les renseignements qui leur sont donnés pour être en mesure d'en faire un rapport au commissaire de police. Si l'affaire paraît grave, ils invitent le plaignant à se rendre avec eux au commissariat de police ou, lorsque ce bureau est fermé, au poste de police et, si l'inculpé est remis entre leurs mains, ils l'arrêtent et le mettent à la disposition du commissaire de police.

Voy. Réquisitions.

POLICE

La police est instituée pour maintenir l'ordre et la tranquillité publique, la liberté, la propriété, la sûreté individuelle. Son caractère principal est la vigilance; la société considérée en masse est l'objet de sa sollicitude.

Police municipale. — Son but est de prévenir les infractions : il faut qu'elle ne laisse aux malfaiteurs ni l'espoir du succès ni la possibilité d'agir.

Agents de la police municipale, les gardiens de la paix doivent, par leur attitude à la fois ferme et bienveillante, amener la population à comprendre que leur présence au milieu d'elle est dans ses intérêts et que leur intervention n'a pour but que la sécurité de tous et le maintien de l'ordre.

Police judiciaire. — Elle recherche les crimes, délits et contraventions que la police municipale n'a pu empêcher de commettre, en rassemble les preuves et en livre les auteurs aux tribunaux chargés de les punir. Le commissaire de police est un des fonctionnaires de l'ordre judiciaire.

Il faut informer ce magistrat de tout ce qui intéresse la tranquillité publique et conduire devant lui tout individu arrêté.

Voy. Arrestations, Rapports.

PORTES

Les portes ne peuvent être établies en saillie ou se développer sur la voie publique (contravention).

Les signaler au commissaire de police.

Les portes doivent être fermées après 11 heures du soir (contravention).

Les fermer et faire un rapport au commissaire de police.

PORTEURS D'EAU

Les porteurs d'eau à tonneaux doivent avoir une feuille de roulage visée par le commissaire de police. Ils ne peuvent puiser, hors le cas d'incendie, qu'aux fontaines ayant cette destination. Ils doivent remplir leurs tonneaux chaque soir avant de les rentrer. Il leur est défendu de traverser les halles avant 10 heures du matin en tout temps, et de faire stationner leurs tonneaux sur la voie publique, si ce n'est pendant le temps nécessaire pour servir leurs pratiques. Ils doivent, au premier avis d'un incendie, y conduire leurs tonneaux pleins. Les conducteurs qu'ils emploient sont tenus d'avoir, avec le certificat de roulage, une carte de sûreté et un livret et de représenter ces papiers à toute réquisition des agents de l'autorité. Les tonneaux portent un numéro, les nom, prénoms et domicile du porteur d'eau, l'estampille de la visite, le lieu de remisage, la jauge; ils doivent être propres, avoir une bonde fermant hermétiquement et les brancards ne dépassant pas 33 centimètres de saillie en arrière; les seaux doivent être retenus solidement; ceux à anses mobiles sont interdits. Les porteurs d'eau à bretelles sont tenus de fermer leurs seaux lorsqu'ils sont pleins, avec un couvercle en fer ou en bois. Il est interdit aux porteurs d'eau de frapper sur leurs seaux ou de se servir d'instruments bruyants pour annoncer leur marchandise (contraventions).

Se conformer aux instructions données au mot contraventions.

PROJECTIONS SUR LA VOIE PUBLIQUE

Il est défendu de rien jeter d'aucune partie des habitations qui puisse blesser ou salir les passants. Les eaux ne peuvent être jetées sur la voie publique : elles doivent être portées aux ruisseaux pour y être versées de manière à ne pas éclabousser les passants (contraventions).

Se conformer aux instructions données au mot contraventions.

PROSTITUTION

I. Filles isolées. — Les filles publiques qui sont dans leurs meubles ou dans les maisons garnies ont une carte indiquant les visites sanitaires qu'elles subissent ; elles doivent la représenter à toute réquisition des agents de l'autorité. Il leur est défendu de circuler sur la voie publique avant l'allumage des lanternes ou après 11 heures du soir, ou de s'y montrer dans une mise indécente ou coiffées en cheveux, de provoquer des hommes accompagnés de femmes ou d'enfants, de stationner ou de former des groupes, d'aller et venir dans un espace trop resserré, de se faire suivre ou accompagner par des hommes, de provoquer par leurs fenêtres, de fréquenter les lieux déserts ou obscurs ainsi que les cabarets et autres établissements où l'on favoriserait clandestinement la prostitution. Les abords des églises et des temples, les passages couverts, les boulevards de la rue Montmartre à la Madeleine, les Champs-Élysées, les jardins et abords du Palais-Royal, les Tuileries, le Luxembourg, le Jardin des Plantes, l'esplanade des Invalides, les quais et les ponts, leur sont interdits.

II. Filles de maison. — Elles habitent les lieux de prostitution dits maisons de tolérance ; leur carte reste déposée à la Préfecture de police. Il est défendu aux maîtresses des maisons de recevoir des élèves en uni

forme ou des jeunes gens au-dessous de l'âge de 18 ans.
Les filles ne peuvent provoquer par les fenêtres.

III. **Filles Insoumises.** — On appelle filles insoumises les filles qui, sans être inscrites à la Préfecture de
police, se livrent habituellement à la prostitution.

Les inspecteurs de police du service des mœurs
sont spécialement chargés de surveiller les filles
soumises et insoumises ainsi que les maisons de
tolérance et d'opérer les arrestations que commandent les circonstances. Les gardiens de la paix
doivent donc se borner à arrêter les filles qui sont
dans un état d'ivresse manifeste ou qui font du
scandale et à signaler au commissaire de police,
par un rapport, les infractions dont ils sont témoins.

RAPPORTS

Les rapports que les gardiens de la paix sont
appelés à rédiger doivent être simples, clairs et
ne contenir que l'expression de la plus scrupuleuse
vérité. Il faut qu'ils soient le miroir de tout ce qui
a été vu et constaté. Aucun mot ne doit être sur-
chargé ni gratté. Les renvois, s'il en a été fait en
marge, doivent être signés. Il faut aussi approuver
les ratures à la fin, de cette manière : « Approuvé
la rature de (indiquer le nombre) mots nuls. » Cette
mention doit être également signée. Il est important qu'un rapport spécial soit fait sur chaque objet
ou sur chaque personne, à moins qu'il s'agisse du
même fait, commis au même lieu par plusieurs
individus. Les rapports doivent être signés d'une
façon lisible par tous les gardiens de la paix qui
ont constaté le fait, et contenir en marge l'énon-
ciation des nom et qualité de ces agents et la men-

tion de la brigade à laquelle ils appartiennent. Tout rapport relatif à une contravention doit indiquer en toutes lettres, la date, l'heure et le lieu de l'infraction, les nom, prénoms, profession et domicile du contrevenant, et, s'il y a lieu, du civilement responsable (V. Responsabilité civile), ainsi que la nature de la contravention. Il faut, tout en signalant les causes d'indulgence et les circonstances aggravantes, faire connaître sommairement comment on a procédé. Quant aux rapports que les gardiens de la paix rédigent pour informer le commissaire de police ou l'officier de paix d'événements divers parvenus à leur connaissance ou pour rendre compte des renseignements qu'ils ont été chargés de recueillir, ils doivent avoir toute la précision possible. Les modèles ci-après seront utilement consultés :

I.   Paris, le..... 18.....

J'ai l'honneur d'informer monsieur..... officier de paix du..... arrondissement, que, passant aujourd'hui, à..... heures du....., rue..... devant le n°..... j'ai vu un individu..... (*mentionner explicitement la nature de la contravention*). Interpellé, il m'a dit être le sieur...... (*nom et prénoms*), âgé de..... ans, né à..... exerçant la profession de..... demeurant rue..... n°..... Il a avoué ensuite être l'auteur de la contravention que je venais de constater. Je l'ai prévenu que ce fait serait signalé aux fins de droit J'ajoute qu'il m'a justifié de son identité et de son domicile

Le gardien de la paix
(signature).

II. J'ai l'honneur d'informer M.... officier de paix du.... arrondissement, que, passant aujourd'hui, à..... heures du....., rue..... n°....., j'ai remarqué que..... (*mentionner explicitement la contravention*). Ayant recherché l'auteur de cette contravention, j'ai appris qu'il se trouvait à..... (*désigner l'endroit*). Je m'y suis rendu et ai rencontré un individu qui, interpellé, a reconnu être l'auteur du fait à lui imputé et a dit être le sieur..... (*nom et prénoms*), âgé de..... ans, né à....., exerçant la profession de..... demeurant..... — **ou bien** — ayant attendu, j'ai vu arriver un individu qui m'a déclaré être l'auteur de cette contravention et a dit être le sieur (*nom et prénoms*), âgé de..... ans, né à..... exerçant la profession de..... domicilié..... Je l'ai prévenu que le fait que j'avais constaté serait signalé aux fins de droit. Je dois ajouter qu'il m'a justifié de son identité et de son domicile.

Le gardien de la paix
(signature).

III. J'ai l'honneur de porter à la connaissance de M..... officier de paix du..... arrondissement, les faits suivants : — **ou bien**. — J'ai l'honneur d'informer M..... officier de paix du..... arrondissement, que, relativement à l'affaire qui fait l'objet de la note ci-jointe, j'ai recueilli les renseignements suivants :   Le gardien de la paix

(signature).

IV. J'ai l'honneur d'informer monsieur le Commissaire de police du quartier..... que..... (*consigner ensuite les renseignements recueillis*).   Le gardien de la paix

(Signature).

Voy. Fourrière, Ivresse, Ordres de consigne, Réunions publiques.

RASSEMBLEMENTS

Toutes les fois qu'un incident occasionne un rassemblement de curieux, le gardien de la paix doit intervenir pour en faire cesser la cause ; il prévient au besoin le commissaire de police et le chef du poste.

Voy. Attroupements.

RAVAGEURS

Il est défendu de gratter les ruisseaux pour y chercher de la ferraille (contravention; délit, s'il y a dégradation du pavé).

Arrêter les individus qui grattent entre les pavés.

RÉBELLION

La loi punit toute attaque ou résistance avec voies de fait contre les agents de la police administrative ou judiciaire, les officiers ministériels, les préposés à la perception des taxes et des contributions et des séquestres (délit ou crime, selon les circonstances).

Opérer l'arrestation des coupables; mentionner, dans les ordres de consigne, les voies de fait dont chaque agent a été l'objet.

RÉCOMPENSES

Les gardiens de la paix sont récompensés pour tout acte extraordinaire de zèle, soit par une félicitation de M. le Préfet de police, soit par une mise à l'ordre du jour, soit par une indemnité pécuniaire, soit par la réunion de ces moyens d'encouragement. L'administration leur accorde également, pour leurs bons services, tantôt des gratifications, tantôt une augmentation de traitement. Le mérite et les capacités donnent des droits à l'avancement. Les agents peuvent obtenir des primes pour les arrestations importantes qu'ils opèrent, et des médailles d'honneur lorsqu'ils se font remarquer par des actes de courage.

Voy. Avancement.

REFUS DE SECOURS

La loi punit ceux qui, le pouvant, refusent ou négligent de faire des travaux, le service ou de prêter le secours dont ils ont été requis dans les circonstances d'accidents, tumultes, naufrage, inondation, incendie ou autres calamités, ainsi que dans les cas de brigandage, pillage, flagrant délit, clameur publique ou d'exécution judiciaire (contravention).

Se conformer aux instructions données au mot contraventions.

RÈGLEMENT

Les gardiens de la paix, sous-brigadiers et brigadiers doivent tout leur temps au service de la police : ils sont donc tenus de répondre à tout appel qui peut être fait en

dehors du service ordinaire. Ils ne peuvent être concierges ni tenir boutique. Il leur est interdit d'entrer chez
les marchands de vins, à moins qu'ils n'y soient appelés
pour l'exercice immédiat de leurs fonctions; en dehors
du service, ils ne peuvent pas y entrer en uniforme. Il
leur est également interdit de fumer en uniforme. Dans
les bals publics et cafés-concerts, ils ne doivent ni s'atta-
bler ni prendre aucun rafraîchissement. Toute tenue négligée, tout fait d'ivresse, tout acte d'impolitesse, de gros-
sièreté et de violence sont sévèrement punis. Ils ne doivent, sous aucun prétexte, solliciter ni accepter de billets
ni entrées de faveur des directeurs de théâtres et autres
établissements publics; il leur est également interdit de
recevoir de l'argent ou des gratifications de qui que ce
soit, sans permission de M. le Préfet de police.

RÉQUISITION

I. Réquisition sur la voie publique.

Le gardien de la paix requis par un individu qui
porte plainte contre un autre, pour crime ou délit,
doit arrêter la personne inculpée et la conduire
directement au commissariat en se faisant accompagner par le plaignant et les témoins. Si le bureau
du commissaire de police est fermé, il conduit les
parties au poste. L'inculpé doit être retenu pour
être mis à la disposition du commissaire de police. Quant au plaignant, si son identité et son
domicile sont bien établis, on le renvoie en l'invi-
tant à se rendre, avec ses témoins, chez le commissaire de police, à l'heure de l'ouverture du bureau.
— Lorsque le fait pour lequel il y a réquisition,
n'est ni un crime ni un délit, et qu'il s'agit simplement d'une affaire civile ou d'une contestation, le
gardien de la paix doit, s'il y a lieu de craindre un
rassemblement, inviter les parties à se rendre avec
lui devant le commissaire de police et, si le bureau

de ce fonctionnaire est fermé, il les conduit au poste afin de les entendre en leurs explications, et de prendre les renseignements nécessaires pour faire un rapport au commissaire de police. On renvoie ensuite les parties en les engageant, s'il y a lieu, à aller soumettre leur différend au commissaire de police, à l'heure de la réouverture de son bureau.

II. Réquisition de l'intérieur d'une maison.

A toute réquisition d'un chef de maison ou de son délégué, le gardien de la paix doit faire sortir toute personne qui veut rester d'autorité, et, en cas de résistance, il conduit plaignant et inculpé devant le commissaire de police ; aux heures où le commissariat est fermé, l'inculpé est consigné au poste jusqu'à la réouverture du bureau et on invite le plaignant à s'y présenter au même moment, avec ses témoins, s'il y a lieu. On agit de même lorsque le chef de maison requiert l'arrestation pour tout autre délit ou crime. Dans tous les cas, il faut s'assurer du droit que possède la personne qui réclame l'intervention. — Lorsqu'il y a réquisition pour une querelle ou une contestation à l'intérieur d'une habitation, le gardien de la paix n'a pas à intervenir : il invite seulement la personne qui le requiert à s'adresser au commissaire de police ; il ne peut s'introduire dans la maison que s'il y a appel au secours. (V. domicile). Dans tous les cas, il prend note des renseignements qui lui sont communiqués pour faire un rapport au commissaire de police.

RESPONSABILITÉ CIVILE

Le père, et la mère après le décès du mari, sont responsables de leurs enfants mineurs habitant avec eux; les maîtres, de leurs domestiques, ouvriers ou apprentis, dans les actes de leur service; les instituteurs, de leurs élèves, pendant le temps qu'ils sont sous leur surveillance; les propriétaires de voitures, de leurs cochers ou conducteurs.

RÉUNIONS PUBLIQUES

Réunions politiques. — Les réunions publiques ayant pour objet de traiter de matières politiques ou religieuses sont soumises à une autorisation.

Réunions non politiques. — Il n'est point besoin, pour ces réunions, d'autorisation; mais chaque réunion ne peut avoir lieu que trois jours francs après la délivrance du récépissé de la déclaration qui doit être remise au Préfet de police; elle ne peut se prolonger au-delà de l'heure fixée pour la fermeture des lieux publics.

Réunions électorales. — Des réunions électorales peuvent être tenues à partir de la promulgation du décret de convocation d'un collège pour l'élection d'un député, jusqu'au cinquième jour avant celui fixé pour l'ouverture du scrutin. La réunion ne peut avoir lieu qu'un jour franc après la délivrance du récépissé de la déclaration qui doit être faite à la préfecture de police (délits).

Les gardiens de la paix, après avoir donné avis au commissaire de police et à l'officier de paix de toute réunion publique, doivent se borner à exécuter les ordres qui peuvent leur être donnés par l'un ou l'autre de ces fonctionnaires.

La loi punit quiconque se présente dans une réunion avec des armes apparentes ou cachées (délit).

Arrêter le coupable quand il y a réquisition.
— Lorsqu'un agent assiste à une réunion publique, il adresse à son chef de service un rapport dont voici un modèle :

Paris, le ..... 18...

J'ai l'honneur d'informer Monsieur l'officier de paix que, conformément à ses instructions, j'ai assisté aujourd'hui .... à la réunion publique organisée rue ....., n° ....., par (*désigner les personnes*) et ayant pour objet (*l'indiquer*). La séance a été ouverte à ..... (*faire connaître l'heure*); environ (*indiquer le nombre*) personnes de la corporation y assistaient. Le bureau était composé des sieurs X....., président, et Y..... et Z....., assesseurs. Le programme présentait, comme question spéciale : (*l'indiquer sommairement*). La séance a été levée à ..... (*faire connaître l'heure*). (*Consigner ensuite tous renseignements utiles.*)

Le gardien de la paix
(*Signature*).

RIXES, VOIES DE FAIT ET VIOLENCES

Les auteurs de rixes, voies de fait et violences légères ne sont punis que des peines de simple police, pourvu qu'ils n'aient blessé ni frappé personne (contravention).

Mettre les individus à la disposition du commissaire de police.

RUES NON PAVÉES

Les rues non pavées doivent être entretenues constamment en bon état (contravention).

Signaler au commissaire de police les excavations et dépôts d'immondices existant dans ces rues.

RUPTURE DE BAN

La loi punit l'individu qui, étant placé sous la surveillance de la haute police ou ayant été expulsé de France ou du département de la Seine, rentre à Paris sans permission (délit).

Il y a lieu de procéder à son arrestation.

SALTIMBANQUES

Les saltimbanques, joueurs d'orgue, musiciens et chanteurs ambulants doivent avoir une permission du Préfet de police et porter ostensiblement leur médaille. La permission, qui se fait viser à la préfecture de police tous les trois mois, mentionne le genre d'industrie ou de métier auquel se livre le titulaire et indique, en outre, le nombre, l'âge, le sexe, les noms et prénoms des personnes qui peuvent l'accompagner. Les saltimbanques ne peuvent exercer, en toute saison, avant huit heures du matin, et doivent se retirer, en été, à neuf heures du soir, en hiver, à six heures. Ils ne peuvent stationner, à moins d'autorisation spéciale d'un commissaire de police, que sur les emplacements désignés en leur permission. Il leur est défendu de deviner, pronostiquer ou d'expliquer les songes, et, en outre, de se livrer à toute opération se rattachant aux professions de dentiste et de pédicure. Ils ne peuvent vendre que des chansons revêtues de l'estampille (contravention ou délit, selon le cas).

Mettre les contrevenants à la disposition du commissaire de police et saisir leurs instruments ou appareils.

Voy. Crieurs publics, Bohémiens, Marchés.

SÉNATEURS ET DÉPUTÉS

Sauf le cas de flagrant délit, aucun membre de l'une ou l'autre Chambre ne peut, pendant la durée de la session, être arrêté pour crime ou délit qu'avec l'autorisation de la Chambre dont il fait partie.

SENTINELLES

La sentinelle ne doit laisser entrer aucun étranger dans le poste sans qu'il se soit fait connaître et sans qu'elle ait prévenu le sous-brigadier de permanence.

SERVICE DES GARDIENS DE LA PAIX

La principale mission des gardiens de la paix est de chercher à prévenir les crimes, délit et contraventions. La police, en effet, n'est appelée à réprimer que lorsqu'il lui a été impossible de prévenir. Chaque gardien de la paix doit, pendant tout le temps de son service, parcourir sans discontinuer l'îlot auquel il est attaché. Il ne peut s'arrêter pour causer soit avec ses collègues, soit avec des particuliers, si ce n'est pour les besoins du service. Il doit veiller à l'exécution des lois et règlements de police, empêcher les rassemblements et arrêter les coupables de crimes et de délits. Pendant la nuit, les gardiens de la paix doivent s'arrêter quelques instants dans les carrefours, afin d'observer les environs et de se porter promptement sur les lieux au moindre cri de détresse ou au moindre bruit qui pourrait faire soupçonner une effraction ou une escalade. Il est important que chaque agent informe le chef de poste de tous les actes qu'il a opérés dans son service, bien qu'il les ait déférés au commissaire de police ; s'il y a quelques mesures à prendre, il en rend compte immédiatement, sinon, il en donne avis à la fin du service.

SERVICE MÉDICAL DE NUIT

L'administration de la Préfecture de Police, toujours ingénieuse à faire le bien, a organisé un service médical pour les personnes atteintes, pendant la nuit, d'accidents subits. Ce service commence à 10 h. du soir, pour finir à 7 h. du matin, depuis le 1er octobre jusqu'au 31 mars et à 11 h. du soir jusqu'à 6 h. du matin, depuis le 1er avril jusqu'au 30 septembre. Toute personne peut choisir sur le tableau affiché dans le poste de police de son quartier le médecin dont elle désire réclamer les soins. Un gardien de la paix détaché du poste, accompagne le requérant au domicile du Docteur, suit celui-ci chez le malade, et, la visite faite, le reconduit chez lui. En le quittant, il lui remet un bon d'honoraires de 10 fr. qui est payé à présentation à la caisse de la Préfecture de Police.

SIÈGES SUR LES BOULEVARDS ET PROMENADES

Les sièges dont la location est autorisée doivent être tenus en bon état et disposés de manière à ne gêner en rien la circulation. Le prix maximum de la location est fixé à dix centimes par chaise et à vingt centimes par fauteuil. Les promeneurs ont la faculté de s'installer avec les sièges à leur usage personnel et par eux apportés, sans être tenus à aucune redevance, à la condition, toutefois, qu'ils ne placeront pas leurs sièges sur les emplacements désignés par l'administration pour recevoir ceux de l'adjudicataire (contraventions).

Se conformer aux instructions données au mot contraventions.

SIGNALEMENTS

Un signalement doit être pris de cette manière :

Age ....., taille ....., cheveux ....., front ....., sourcils ....., yeux ....., nez ....., bouche ....., barbe ....., menton ....., visage ....., teint....., marques particulières....., vêtements (*indiquer exactement leur nature, leur qualité et leur couleur*).

SOUS-BRIGADIERS

Un des sous-brigadiers reste au poste avec les hommes de la réserve, pendant que l'autre parcourt le quartier pour se rendre compte de la manière dont les gardiens de la paix s'acquittent de leurs devoirs. Lorsque le service est terminé, les sous-brigadiers reçoivent des hommes relevés le rapport des faits qui se sont passés et en donnent connaissance soit au brigadier, soit à l'officier de paix.

SUICIDE

Le gardien de la paix qui a connaissance d'un suicide, doit faire prévenir immédiatement le commissaire de police. S'il y a mort certaine, il empêche le déplacement du cadavre et le détournement d'aucun objet ou papier. S'il reste quelque doute sur la mort, il fait donner les secours nécessaires en attendant qu'un médecin soit appelé. Il faut, surtout, couper le lien d'un pendu. Un agent peut-il, avant l'arrivée du commissaire de police, faire ouvrir la porte du logement où l'on présume qu'une personne s'est suicidée ? Il doit le faire, si, par exemple, on entend des gémissements ; dans ce cas, il se fait assister d'un ou de deux témoins. Il faut avoir soin d'écarter les curieux.

TABAC

L'achat, la fabrication et la vente des tabacs a lieu par la régie des contributions indirectes dans toute l'étendue du territoire, exclusivement au profit de l'État. La loi punit les particuliers qui fabriquent illicitement des tabacs et ceux qui colportent ou vendent des tabacs de fraude (contravention correctionnelle ou délit selon le cas).

Signaler au commissaire de police les fabriques clandestines et mettre les colporteurs à la disposition de ce magistrat avec leurs marchandises.

Voy. Fraudes.

TAPIS

Il est défendu de secouer ou de battre des tapis sur la voie publique, par les fenêtres ou autrement (contravention).

Se conformer aux instructions données au mot contraventions.

TENTATIVE

La tentative est punie quand elle s'est manifestée par un commencement d'exécution et n'a été suspendue ou n'a manqué son effet que par des circonstances indépendantes de la volonté de son auteur. En matière de crime, la tentative est assimilée au crime consommé ; une peine n'est appliquée en matière de délit qu'exceptionnellement, par exemple, dans les cas de vols, escroqueries et cessation concertée de travail par violences, voies de fait, menaces, ou manœuvres frauduleuses; en matière de contravention, la tentative n'est pas punissable.

TERRAINS VAGUES

Les terrains vagues donnant sur la voie publique doivent être clos ; les portes des clôtures doivent ouvrir en dedans et être fermées au moyen de serrures ou de cadenas (contraventions).

Faire un rapport au commissaire de police.

THÉATRES

On ne peut exploiter un théâtre sans avoir fait une déclaration à la Direction des Beaux-Arts et à la Préfecture de police.

I — POLICE EXTÉRIEURE

Entrée.

Les gardiens de la paix doivent veiller à ce que les files soient établies sur deux rangs, et faire prendre la queue à ceux qui voudraient en former une nouvelle. Il leur est interdit de favoriser qui que ce soit pour le faire arriver au bureau avant son tour; ils peuvent, toutefois, par humanité, laisser entrer, aussitôt après l'ouverture, les femmes enceintes et les personnes infirmes.

Dépôt au vestiaire. — Il est défendu d'entrer au

parterre et aux amphithéâtres avec des armes, des cannes
ou parapluies (contravention).

Tenir la main à ce que les armes surtout soient déposées au vestiaire ; ne laisser entrer avec leur arme
que les élèves de l'École polytechnique, des Écoles
d'état-major, de l'École de Saint-Cyr et les militaires
de la gendarmerie et de la garde de Paris.

Vente de billets. — La vente et l'offre de billets ou
contremarques et le racolage ayant ce trafic pour objet,
sont formellement interdits sur la voie publique (contravention).

Conduire devant le commissaire de police du
quartier les individus qui contreviennent à ces dispositions.

Commissionnaires. — Il ne peut y avoir, pour le
service public, à l'entrée des théâtres que les commissionnaires médaillés (contravention).

Mettre à la disposition du commissaire de police
du quartier les commissionnaires non permissionnés.

Circulation des voitures. — Les voitures doivent
aller au pas et sur une seule file aux abords des théâtres.
Il est interdit aux cochers de quitter leur siège. A la sortie
du spectacle, les voitures de place ne peuvent charger
qu'après le défilé des autres voitures (contraventions).

Se conformer aux instructions données au mot
contraventions.

II — POLICE INTÉRIEURE

Querelles au contrôle.

Lorsque des querelles ont lieu au contrôle, les
gardiens de la paix ne doivent pas examiner les
droits des personnes qui réclament leur entrée : ils
font prévenir le commissaire de police chargé de la

surveillance du théâtre ; ils n'interviennent, avant l'arrivée de ce fonctionnaire, que si l'ordre est gravement troublé.

Tapage dans la salle.

Ils ne peuvent pénétrer dans l'intérieur de la salle que sur la réquisition du commissaire de police, ou lorsqu'en son absence des individus troublent l'ordre d'une manière grave ; ils expulsent alors les auteurs du trouble et les mettent à la disposition du commissaire de police.

TIMBRE DES QUITTANCES

La règle générale est que les quittances ou acquits donnés au pied des factures et mémoires, les quittances pures et simples, les reçus ou décharges de sommes, titres, valeurs ou objets, et tous les titres de quelque nature qu'ils soient, signés ou non signés, qui emportent libération, reçu ou décharge, doivent, s'ils sont au dessus de 10 francs, être pourvus d'un timbre mobile de 10 centimes oblitéré (contravention correctionnelle).

Saisir la pièce et conduire le contrevenant devant le commissaire de police ; aux heures où le bureau de ce fonctionnaire est fermé, procéder d'après les instructions données au mot contraventions.

TIREURS DE CARTES

Voy. Devins.

TIRS

Les établissements de tirs doivent être autorisés par le Préfet de police (contravention).

Signaler au commissaire de police les tirs non autorisés.

TOMBEAUX

La loi punit la violation des tombeaux ou sépultures :

Il faut entendre non seulement les atteintes matérielles portées à la cendre des morts mais tout acte qui tend à violer le respect qu'on doit aux tombeaux (délit).

Les coupables doivent être arrêtés.

TRANSPORTS

I. Transport d'objets nécessitant des précautions. — Les personnes circulant avec des fardeaux sur la voie publique sont tenues de prendre les précautions convenables pour ne pas blesser ou heurter les passants. Les barres de fer, les pièces de bois et tous les objets trop longs pour pouvoir être tenus dans le sens vertical doivent être portés par deux personnes, de façon que chacune des extrémités repose sur l'épaule ou dans la main d'un porteur. Quant aux volets et aux barres de fer servant à la fermeture des boutiques, on doit les porter de manière à prévenir tout accident.

II. Transport d'objets pouvant salir la voie publique. — Ceux qui transportent des plâtres, des terres, décombres et autres objets quelconques qui seraient de nature à salir la voie publique ou à incommoder les passants, doivent charger leurs voitures de manière que rien ne s'en échappe et ne puisse se répandre sur la voie publique.

III. Transport des matières insalubres. — Les résidus des fabriques, soit solides, soit liquides, et, en général, toutes les matières qui pourraient compromettre la salubrité, ne peuvent être transportés que dans des voitures ou tonneaux hermétiquement fermés (contraventions).

Se conformer aux instructions données au mot contraventions.

TRAVAUX PUBLICS

Les travaux publics ne peuvent être entrepris avant le 1er mars et doivent être complètement terminés avant le 15 novembre; cette disposition ne s'applique point aux travaux de simple réparation ni à ceux qui ont pour objet la pose de petites conduites transversales, soit d'eau, soit de gaz. Il est interdit de rouler des brouettes sur les trottoirs ou d'y faire passer les roues des voitures ; ils doivent rester libres pour la circulation des piétons, à moins que leur enlèvement provisoire ait été autorisé. Tous les points de la voie publique qui, par suite des ouvrages, pourraient présenter du danger pour la circulation, doivent être éclairés la nuit. Il doit y avoir des gardiens de jour et de nuit si cela est nécessaire. Un dépôt des ordures ménagères provenant des maisons riveraines doit être fait dans un endroit accessible aux voitures (contraventions).

Signaler toute infraction au commissaire de police.

Il est défendu de s'opposer par des voies de fait à la confection des travaux autorisés par le gouvernement (délit).

Arrêter le coupable.

TRIBUNAUX

Les gardiens de la paix sont souvent cités devant les tribunaux pour rendre compte des faits énoncés dans leurs rapports. Ils doivent y comparaître à l'heure indiquée sur la copie de citation. A l'audience, ils se tiennent découverts, dans le respect et le silence, et écoutent attentivement la lecture des procès-verbaux. S'ils sont en uniforme, ils retirent leur sabre avant d'être entendus. Quand le président leur dit : « Vous jurez de dire la vérité, etc... », ils répondent, en levant la main droite : « Je le jure ! » Et lorsque des questions leur sont posées sur leurs nom et prénoms, âge, qualité et domicile, ils ajoutent : « Je me nomme...; je suis âgé de ... ans ; je suis gardien de la paix ; je demeure à la Préfecture de police. » A la demande : » Êtes-vous parent, allié ou domestique du prévenu? » ils répondent : « Non, monsieur le président, » ou « Oui, monsieur le président, » selon leur situation vis-à-vis de ce prévenu. Puis, ils rendent compte des faits qui sont à leur connaissance et fournissent toutes les explications nécessaires. Leur déclaration doit être courte et précise. Si l'inculpé cherche à les interrompre par des récriminations, ils doivent, au lieu de lui répondre directement, ne s'adresser qu'au président. Enfin, lorsque l'affaire paraît devoir se prolonger, ils peuvent, s'ils pensent que leur présence n'est plus nécessaire, demander à se retirer.

TROMPERIES

La loi punit la tromperie sur la nature et la qualité des choses vendues et la tromperie sur la quantité des mêmes choses par usage de fausses balances, de faux poids et de fausses mesures (délits).

Signaler au commissaire de police les commerçants contre lesquels il y aurait des plaintes ; en cas de flagrant délit ou de plainte sur la voie publique, on doit mettre le coupable à la disposition du commissaire de police, avec ses fausses balances, ses faux poids ou ses marchandises, s'il y a lieu.

Voy. Aliments.

TROTTEURS DU MARCHÉ AUX CHEVAUX

Ils doivent avoir une permission et porter au bras gauche une plaque indiquant leur nom et leur numéro. Ils sont tenus d'être pourvus d'un uniforme consistant en un chapeau de cuir noir, une blouse bleue et une ceinture de cuir (contraventions).

Mettre à la disposition du commissaire de police les trotteurs non autorisés, à l'exception des domestiques ou garçons d'écurie des marchands de chevaux, qui sont dispensés de se pourvoir d'une permission.

TROTTOIRS

Les trottoirs ne peuvent être construits sans permissions du Préfet de la Seine et sans déclaration au commissaire de police 24 heures d'avance. Il est défendu de commencer les travaux simultanément sur les deux côtés de la même rue, à moins de 50 mètres d'intervalle; leur accès doit être interdit au public par une barrière établie à chaque extrémité. Les ateliers doivent être éclairés la nuit au moyen de lanternes. Les eaux ménagères et pluviales doivent couler sous les trottoirs au moyen de gargouilles. Les trottoirs ne peuvent être livrés à la circulation avant qu'il ait été pourvu au recouvrement des gargouilles. Aussitôt que la construction d'un trottoir est terminée, il doit être procédé immédiatement au raccordement du pavé et les résidus des ouvrages doivent être enlevés. Les entrepreneurs qui procèdent aux réparations sont tenus, lorsque les ouvrages n'ont pu être faits dans la journée où il ont été entrepris, de prévenir le commissaire de police et de prendre les mesures nécessaires pour l'éclairage pendant la nuit (contraventions).

Signaler toute infraction au commissaire de police.

TUYAUX

Il est interdit de faire déboucher des tuyaux de pompe sur la voie publique. Les tuyaux de descente ne peuvent avoir plus de 16 centimètres de saillie; ils doivent être retenus par des colliers en fer à scellement, avoir, sous le dauphin, une cuillère en pierre et être entretenus en bon état. Quant aux tuyaux de poêles, ils ne peuvent déboucher sur la voie publique sans autorisation; ils doivent être élevés jusqu'à l'entablement des maisons avec les précautions propres à empêcher l'eau rousse de tomber sur les passants et ne peuvent former saillie s'ils sont en grès ou en poterie (contraventions).

Signaler toute infraction au commissaire de police.

Voy. Chéneaux et Gouttières.

URINES ET URINOIRS

Il est défendu de jeter des urines sur la voie publique. On ne peut uriner ailleurs que dans les urinoirs municipaux. Sur les voies publiques où il n'en existe pas, il est interdit d'uriner sur les trottoirs, contre les monuments publics, contre les devantures de boutiques et contre les portes des habitants (contraventions).

Se conformer aux instructions données au mot contraventions.

USAGE DE LA FORCE ET DES ARMES

Les gardiens de la paix ont le droit de faire usage de la force et même de leurs armes lorsque des violences ou voies de fait graves sont exercées contre eux, lorsqu'ils ne peuvent défendre autrement le terrain qu'ils occupent, les postes ou les personnes qui leur sont confiés, toutes les fois, en un mot, qu'ils sont dans le cas de légitime défense.

USURE

L'intérêt conventionnel ne peut excéder, en matière civile, 5 pour 100, et, en matière de commerce, 6 pour 100, le tout sans retenue; l'intérêt légal est, en matière civile de 5 pour 100, et, en matière de commerce de 6 pour 100, aussi sans retenue. Ceux qui prêtent habituellement de l'argent à un taux illégal sont punis par la loi (délit).

Signaler les usuriers au commissaire de police.

USURPATION DE FONCTIONS OU TITRES

La loi punit l'immixtion sans titre dans une fonction publique ou la perpétration d'un acte de cette fonction (délit; crime, quand il y a faux).

Arrêter toute personne qui s'ingère sans titre dans les fonctions publiques.

Est également punie l'usurpation d'un costume, d'un uniforme ou d'une décoration (délit).

On ne peut interpeller les personnes pour s'assurer du droit légitime qu'elles peuvent avoir à porter un costume, un uniforme, une décoration ou le ruban d'une décoration, mais quand, dans une opération, l'une de ces circonstances se présente, on la relève avec soin et le coupable doit être arrêté.

VAGABONDAGE

Les vagabonds sont ceux qui n'ont ni domicile certain, ni moyens de subsistance et qui n'exercent habituellement ni métier ni profession; ils sont punis par la loi (délit et quelquefois crime).

Arrêter comme vagabonds, ceux qui rôdent la nuit étant sans asyle, ceux qui exercent des professions interdites, les ouvreurs de portières non autorisés, ceux qui offrent des allumettes aux fumeurs, ceux qui circulent la nuit avec des paquets sans pouvoir justifier de leur origine légitime et les cochers qui n'ont pas de papiers réguliers ou de voiture en règle; mentionner avec soin si les vagabonds arrêtés se trouvaient dans un des cas que nous avons indiqués au mot mendicité.

VEAUX

Ils ne peuvent être vendus ailleurs qu'à la halle aux veaux. Il est interdit de vendre des veaux âgés de moins de six semaines (contraventions).

Déférer au commissaire de police.

VÉLOCIPÈDES

Les vélocipèdes doivent être pourvus d'une plaque indiquant le nom et le domicile du propriétaire, et un numéro d'ordre si le propriétaire est loueur de vélocipèdes; ils doivent avoir, en outre, des grelots suffisamment sonores et, pendant la nuit, un falot ou une lanterne (contravention).

Mettre à la disposition du commissaire de police ceux qui ne sont pas conformes à ces prescriptions.

Il est interdit de circuler sur des vélocipèdes dans les voies dont la nomenclature suit : boulevard de la Madeleine, rue de Rivoli, rue Saint-Honoré, rue Neuve-des-Petits-Champs, à partir de la rue Vivienne jusqu'au boulevard, rue de Richelieu, rue Croix-des-Petits-Champs, rue Montmartre, rue du Pont-Neuf, rue Saint-Denis, rues comprises dans le périmètre des Halles, avant 10 heures du matin en été, et 11 heures en hiver, rue Vivienne, rue de la Paix, rue Saint-Martin, rue du Temple, rue Vieille-du-Temple, rue Saint-Antoine, rue Dauphine, rue de Buci, rond-point de la rue de l'Abbé-de-l'Épée prolongée, en face de la grille de sortie du jardin du Luxembourg, rue du Bac, avenue des Champs-Élysées, avenue de Marigny, avenue d'Antin, avenue Montaigne, place de l'Étoile, place de la Concorde, place de la Madeleine, place du Havre, rue Royale, rue du Havre, avenue du bois de Boulogne (ancienne avenue de l'Impératrice), avenue de la Grande-Armée, chaussée latérale, côté gauche en descendant. Il est défendu également de faire passer les vélocipèdes sur les trottoirs, sur toutes les parties des voies réservées aux piétons, ainsi que sur les points qui peuvent être interdits par les agents pour la liberté de la circulation (contraventions).

Faire un rapport à l'officier de paix ; en cas de résistance, arrêter les contrevenants et les mettre à la disposition du commissaire de police.

VIANDES

Les viandes ne peuvent être transportées autrement que dans des voitures closes et couvertes (contravention).

Se conformer aux instructions données au mot contraventions.

Voy. Abattoirs et Aliments.

VIDANGE

Les voitures des entrepreneurs doivent porter un nu-

néro d'ordre, indépendamment de la plaque indicative
du nom et de la demeure du propriétaire.

I. Vidange des fosses d'aisances. — Les voitures de
vidange chargées ou non chargées, ne peuvent circuler,
du 1er octobre au 31 mars, avant 10 heures du soir ou
après 8 heures du matin, et du 1er avril au 30 septembre,
avant 11 heures du soir ou après 6 heures du matin. Les
voitures d'équipe peuvent circuler deux heures plus tôt
et deux heures plus tard. Les ustensiles servant au travail
doivent être transportés dans des voitures fermées. La
maison où s'opère une vidange doit être pourvue d'une
lanterne allumée à la porte extérieure. Le travail ne peut
commencer avant l'arrivée des voitures de vidange; il
doit cesser une demi-heure avant l'heure fixée pour leur
départ. Il est prescrit aux vidangeurs de placer les vais-
seaux, appareils et voitures dans l'intérieur des bâtiments
ou, dans le cas d'impossibilité, de les ranger avec soin près
de la maison; ils doivent aussi nettoyer les emplacements
qu'ils ont occupés.

II. Service des fosses mobiles. — Le transport des
appareils des fosses mobiles ne peut avoir lieu, du 1er octobre au 31 mars, avant 7 heures du matin ou après
5 heures de relevée, du 1er avril au 30 septembre, avant
5 heures du matin ou après 1 heure de l'après-midi;
les appareils pleins doivent être enlevés immédiatement.

III. Fosses tout à la fois mobiles et fixes. — Lorsque
les voitures de l'entreprise peuvent entrer dans les cours
des maisons où sont établis des appareils et réservoirs à
enlever ou vider, le travail peut avoir lieu, du 1er octobre
au 31 mars, depuis 7 heures du matin jusqu'à 4 heures de
relevée et, du 1er avril au 30 septembre, depuis 5 heures
du matin jusqu'à 6 heures de relevée. Lorsque les voitures
ne peuvent y entrer, le travail ne peut avoir lieu avant
le jour ni après 9 heures du matin. Dans le périmètre des
halles, l'enlèvement des appareils mobiles et la vidange
des réservoirs ne peuvent être opérés avant 8 heures du
soir, du 1er octobre au 31 mars, ou, avant 9 heures, du
1er avril au 30 septembre, ni après minuit, en tout temps.
Les voitures ne peuvent entrer dans Paris qu'une demi-
heure avant le moment fixé pour le commencement du

travail et doivent sortir au plus tard une demi-heure après l'heure fixée pour la cessation (contraventions).

Il suffit, dans tous les cas de contraventions, de relever les noms des ouvriers vidangeurs avec le numéro des voitures afin de faire un rapport au commissaire de police. Le service ne peut être interrompu que lorsqu'il s'agit d'un fait grave.

VIOLON

On appelle ainsi la chambre de sûreté où sont enfermés les inculpés.

Les gardiens de la paix doivent toujours, avant de mettre un individu au violon, le fouiller minutieusement afin de lui retirer les objets dont il est nanti et ceux qui pourraient lui servir à attenter à ses jours.

Voy. Arrestations.

VOITURES

DISPOSITIONS GÉNÉRALES

Les voitures de transport des marchandises attelées ou à bras, doivent avoir, au côté gauche, une plaque métallique portant en caractères apparents et lisibles, le nom, la profession et la demeure du propriétaire. Elles ne doivent point être chargées au-dessus des ridelles ou des planches de clôture. Il ne peut être attelé à ces voitures plus de 5 chevaux, si elles sont à 2 roues ; plus de 8, si elles sont à 4 roues, sans qu'il puisse y avoir plus de 5 chevaux de file. Lorsque le transport d'objets d'un poids considérable exige un attelage exceptionnel, il faut une permission du Préfet de police. Il est interdit d'atteler aux voitures servant au transport de personnes plus de 3 chevaux, si elles sont à 2 roues, et plus de 6, si elles sont à 4 roues. Aucune voiture, même marchant en convoi, ne peut circuler sans conducteur. Toute voiture doit être éclairée à la chute du jour.

DISPOSITIONS SPÉCIALES

I. Voitures de place, de remise et de grande remise. — Les voitures de place et de remise doivent être numérotées et porter, à l'extérieur, l'estampille de la Préfecture de police et celle des contributions indirectes, et à l'intérieur, sur peau de mouton, le numéro de la voiture et le tarif. Elles doivent être pourvues également : 1° d'un livret de maître contenant les règlements; 2° d'un permis de circulation et d'un permis de station. Quant aux voitures de grande remise, elles doivent contenir un permis de circulation et le laissez-passer des contributions indirectes. Les voitures de grande remise à quatre roues ne sont pas numérotées, mais celles à deux roues doivent l'être comme les voitures bourgeoises.

II. **Omnibus et tramways.** — Les omnibus et tramways doivent avoir des numéros de police peints sur fond blanc, en chiffres arabes noirs et estampillés du poinçon de la Préfecture de police. Chaque voiture doit être pourvue d'un permis de circulation et de station indiquant le numéro et le nombre des places.

III. **Omnibus desservant les chemins de fer.** — Ils doivent être numérotés : les numéros peints en chiffres blancs sur fond noir, sur les panneaux de derrière et de côté, doivent être estampillés du poinçon de la Préfecture de police.

IV. **Voitures bourgeoises.** — Les voitures bourgeoises à deux roues (cabriolets, tilburys, boghcis, etc.) sont assujetties à un numérotage. Le numéro doit être peint en chiffres arabes rouges sur le panneau de derrière et sur les deux panneaux de côté (1). Les cabriolets ne peuvent être conduits par des femmes. Quant aux voitures bourgeoises à quatre roues, il n'y a pas lieu de les faire numéroter.

V. **Messageries.** — Les voitures de messageries doivent être numérotées : les numéros sont apposés sur des plaques mobiles placées sur les panneaux de derrière et de côté; peints sur fond blanc en chiffres noirs, ils sont estampillés du poinçon de la Préfecture de police.

---

1. On ne doit pas constater les contraventions relatives aux numéros, ni contre les ministres ou agents diplomatiques des puissances étrangères, ni contre les personnes qui habitent hors du ressort de la préfecture de police.

VI. Voitures faisant le transport en commun dans le ressort de la Préfecture de police. — Elles doivent porter : 1° à l'intérieur, le nom de l'entrepreneur, l'estampille délivrée par l'administration des contributions indirectes et une plaque indicative du tarif du transport ; 2° à l'extérieur, sur les panneaux de derrière et de côté, des plaques mobiles sur lesquelles se trouvent, sur fond blanc, les numéros en chiffres noirs et l'estampille de la Préfecture de police (contraventions).

Se conformer aux instructions données au mot Contraventions.

Voy. Dépôts sur la voie publique.

VOLETS ET PERSIENNES

Les volets et persiennes, lorsqu'ils sont ouverts, doivent être maintenus par leurs arrêts. Ces arrêts doivent être disposés de manière à ne pas blesser les passants (contraventions).

Se conformer aux instructions données au mot Contraventions.

Voy. Transports.

VOLS

Le vol est la soustraction frauduleuse d'une chose appartenant à autrui. Les soustractions commises entre époux ou père, mère et enfants ne donnent lieu qu'à des réparations civiles, mais les complices non parents sont responsables (délit, lorsque le vol est simple ; crime, s'il est accompagné de circonstances aggravantes).

Il y a lieu de procéder à l'arrestation des coupables ; mentionner avec soin, dans les ordres de consigne, si le vol a été commis par un domestique ou homme à gages au préjudice de ses maîtres, par un aubergiste, un voiturier, un batelier ou un de leurs proposés, s'il a été commis par deux ou plusieurs personnes, la nuit, sur un chemin public, dans un lieu habité ou dans une église, avec armes apparentes ou cachées, avec effraction, escalade ou fausses clés, en prenant le titre d'un fonctionnaire ou en alléguant un faux ordre de l'autorité, avec violences ou menaces de faire usage d'armes.

VOTE

La loi punit ceux qui se font inscrire ou votent en ayant recours à la fraude et ceux qui dérobent, ajoutent ou altèrent des bulletins. Les outrages et violences envers le bureau, la provocation à voter contre sa conscience ou à s'abstenir, les fausses nouvelles et clameurs pour influencer le vote, le trouble apporté aux élections ou à la liberté des suffrages, la violation du scrutin et l'enlèvement de l'urne contenant des suffrages non encore dépouillés, donnent lieu aussi à l'application d'une peine. On ne peut entrer dans un collège électoral avec des armes apparentes ou cachées (délit ou crime, selon le cas).

Les coupables doivent être arrêtés quand il y a réquisition de la part des présidents des collèges électoraux auxquels appartient la police des salles de vote et de leurs abords ; les gardiens de la paix qui se présentent pour voter sont tenus de retirer leur arme.

Voy. Attroupements.

FIN.

APPENDICE

ÉCHAFAUDAGES ÉTABLIS SUR LA VOIE PUBLIQUE

I. Échafaudages fixes scellés ou non dans les murs de face. — Tout échafaudage fixe, scellé ou non dans les murs de face, et portant sur le sol, doit avoir ses planchers garnis de garde-corps sur les trois côtés faisant face au vide. Il faut que les planches placées en travers des boulins horizontaux pour former plancher, soient posées jointives et qu'elles soient assez longues pour porter au moins sur trois boulins. Les garde-corps doivent avoir 0ᵐ 90 de hauteur au moins; ils sont ou pleins ou composés d'une traverse d'appui solidement fixée : quand ils ne sont pas pleins, le plancher doit être entouré d'une plinthe ayant au minimum 0ᵐ 25 de hauteur. Il faut que tout échafaudage fixe dont la hauteur au-dessus du sol dépasse 6 mètres, soit muni d'un plancher de sûreté construit dans les conditions indiquées plus haut et posé à 4 mètres environ au-dessus du sol de la rue. On doit, partout où travaillent des ouvriers sur un échafaudage fixe, disposer des toiles pour arrêter les poussières et empêcher la chute sur la voie publique des éclats de pierre ou de plâtre.

II. Échafaudages fixes en bascule. — Les pièces posées en bascule pour recevoir l'échafaudage doivent être de fort équarrissage, si elles sont en charpente; de gros échantillon, si elles sont en fer. Elles reçoivent un plancher de madriers qui reposent sur trois traverses au moins. Il faut aussi, pour les échafaudages fixes en bascule, se conformer aux règlements relatifs aux échafaudages scellés ou non dans les murs de face.

III. Échafaudages mobiles suspendus. — Tout échafaudage mobile doit avoir son plancher garni d'un garde-corps sur ses quatre faces, et être suspendu par trois cordages au moins. Le plancher, qu'il soit en métal ou en bois, est composé de fortes pièces solidement assemblées. Les garde-corps sont composés d'une traverse d'appui posée à la hauteur de 0m 90 sur les trois côtés faisant face au vide et de 0m 70 sur le côté faisant face à la construction. Cette traverse est portée par des montants espacés de 1m 50 au plus, et solidement fixés au plancher. En outre, il y a par le bas une plinthe de 0m 25 de hauteur au moins. Cet ensemble de plancher et de garde-corps, formant ce qu'on appelle la cage, doit être assemblé et rendu fixe dans toutes ses parties, avant la suspension. Les cordages de suspension s'adaptent à des étriers en fer passant sous le plancher, garnis en haut d'un crochet en spirale, et établis de manière à supporter par un épaulement externe la traverse supérieure du garde-corps. Ils se manœuvrent par des moufles amarrées ou fixées aux parties résistantes de la construction, telles que murs-pignons ou de refend, souches de cheminées, arbalétriers et pannes des combles, etc. Les chevrons, balcons, barres d'appui ou autres parties légères de la construction ne peuvent, dans aucun cas, servir à cet usage (contraventions).

Se conformer aux instructions données au mot Contraventions.

Voyez : Constructions et réparations.

FIN DE L'APPENDICE.

Paris. — Imp. E. CAPIOMONT et Cie, rue des Poitevins, 6.

www.ingramcontent.com/pod-product-compliance
Ingram Content Group UK Ltd.
Pitfield, Milton Keynes, MK11 3LW, UK
UKHW021229140726
13695UKWH00002B/841